Por que não há relação sexual?

ROBERTO HARARI

POR QUE NÃO HÁ RELAÇÃO SEXUAL?

ORGANIZADORES
Carlos Augusto Monguilhott Remor
Inezinha Brandão Lied
Tânia Vanessa Nöthen Mascarello

EDITOR
José Nazar

Companhia de Freud

Editoração Eletrônica
FA - Editoração Eletrônica

Editor Responsável
José Nazar

Rio de Janeiro, 2006

FICHA CATALOGRÁFICA

H231p

Harari, Roberto.

Por que não há relação sexual? / Roberto Harari ; organizadores: Carlos Augusto Monguilhot Remor ... [et al] ; editor: José Nazar. - Rio de Janeiro : Companhia de Freud, 2006.

213 p. ; 23 cm

ISBN 85-7724-011-8

1. Lacan, Jacques, 1901-1981. 2. Sexo (Psicologia) 3. Psicanálise. I. Remor, Carlos Augusto Monguilhot. II. Nazar, José. III. Título.

CDD-150.195

Companhia de Freud
editora

Endereço para Correspondência
Rua Barão de Sertório, 57 - casa
Tel.: (21) 2293-7166 • (21) 2293-9440
Rio Comprido - Rio de Janeiro
e-mail: ciadefreud@ism.com.br

Sumário

Terceira Parte: Temporalidades

Prefácio

Descobre-se a sexualidade como o domínio no qual, de maneira irredutível, algo se subtrai do sujeito em seu esforço em realizar-se e o marca com uma incompletude, um limite, reconhecido como constitutivo da subjetividade – castração.

No Seminário *Mais, ainda,* Lacan coloca a impossibilidade da relação sexual ao falar do engano do amor nos seguintes termos: "Não há relação sexual". O horror desse brutal aforismo diz o que não pode ser dito: não há... O ser falante confronta-se com a não-proporção, o não-encaixe, a não-complementaridade.

Se, por um lado, o título desse volume parece propor-se como resposta – *Por que não há relação sexual* – ao aforismo lacaniano, por outro a leitura dessa coletânea leva ao descobrimento do propósito de manter-se fiel à impossibilidade da relação sexual. Em cada texto se recoloca a questão em uma nova articulação, sob outro prisma, diluindo-se a expectativa de uma explicação definitiva pela apresentação da pluralidade de respostas. O autor, com rigor inventivo, a cada texto relança em ato, nesse percurso, a complexidade do título. Posição que, desde Sócrates, trabalhada por Lacan no Seminário 23, *Le Sinthome,* sustenta uma ética de não ceder quanto ao desejo, traduzida na expressão: "tudo, menos isso".

Trata-se de um livro singular: uma coletânea de textos que cobrem um largo período de produção do autor – 1984 a 2004. Os textos não estão dispostos seguindo uma intencionalidade temporal ou temática, a não ser no que se refere ao fato de serem nomeados pelo autor como sua "coletânea de textos brasileiros". Fato intrigante revela-se aí: haver um entrelaçamento entre os textos de um período de tempo tão amplo de sua produção. Não significa uma articulação linear entre um texto e outro; ao contrário, somos remetidos à permanente *policronia* da psicanálise. Ademais de um percurso não cronológico, não-monotemático, não-evolutivo, percebe-se, em diferentes momentos, a privilegiada atenção às questões do que se convencionou chamar as formulações do "último Lacan". Já em 1984, o texto que dá nome a essa coletânea, se lido *après-coup*, apresenta uma surpreendente atualidade no que se refere ao trabalho com a topologia lacaniana do nó borromeo.

Assim, algumas repetições não nos parecem necessariamente ociosas ou redundantes, visto que põem a descoberto idéias de diferentes épocas, transformações de pontos de vista.

Tomando responsavelmente os ensinos de Freud e Lacan, o autor distancia-se da obra dos mestres para assim colocá-la em questão, produzindo os efeitos de que os textos, tão caros aos leitores de psicanálise, a cada vez digam mais do que estão dizendo. Foge daquilo que se conhece como gozo estético da fruição da obra. Ao sustentar um distanciamento "*intervalar*" dos textos, consegue extrair-lhes o máximo do que permitem dizer. Reafirma a recomendação lacaniana paradoxal, referida à separação da identificação imaginária com a pessoalidade do Mestre, fazendo de outro modo o que ele mesmo fez com relação a Freud: "Façam como eu, não me imitem". Essa peculiaridade evidencia-se claramente ao avançar – através das mínimas referências de Lacan – na investigação das ciências caológicas, do caosmos, do indecidível, da reflectáfora, da intradução, do *forçage*, entre outros termos "novos", trabalhados pelo autor a partir de Lacan, neste volume.

Um dos textos mais extensos explora de maneira exemplar um tema que apresenta escassa bibliografia em nosso meio – o falo. Tomando como ponto de partida o Escrito lacaniano *A significação do falo*, Harari brinda o leitor com uma análise criteriosa que resulta numa frutífera expansão desse texto único, possibilitando que revele toda sua riqueza lógica e suas múltiplas articulações clínicas. Se, num ponto, especificamente no texto sobre o falo, as referências baseiam-se no Escrito lacaniano localizado temporalmente como uma formulação parcial do mestre francês sobre a sexualidade, em outro lugar o autor desenvolve as últimas formulações do ensino de Lacan sobre esse tema. Dessa forma, neste volume, assumem destacado relevo as referências clínicas sustentadas no testemunho da singularidade das *variações de uma clínica lacaniana.*

Com o título "Coletânea de Textos Brasileiros" o autor quer referir-se a um conjunto de textos que apresentam uma ligação estreita com o trabalho que desenvolve no Brasil desde 1978, junto a instituições psicanalíticas, universidade, congressos e movimentos internacionais de psicanálise, como pode ser observado nas fontes que acompanham esse volume. Esse profícuo intercâmbio mantém-se também através de outras importantes obras do autor publicadas no Brasil: *Discorrer a psicanálise* (1987), *Uma introdução aos quatro conceitos fundamentais de Lacan* (1990), *Que acontece no ato analítico?* (2001), *Como se chama James Joyce?* (2003), *As dissipações do inconsciente* (2003).

Assim, sistematicamente, Harari tem ultrapassado fronteiras, tanto geográficas quanto teóricas. As geográficas, porque o mundo psicanalítico reconhece o valor do seu trabalho, as psicanalíticas, porque o rigor no processamento da teoria, aliado a sua experiência clínica efetivada nas direções das curas e na sua ética, tem como efeito articulações novas que também fazem avançar as fronteiras da psicanálise.

Primeira Parte

Por que não há Relação Sexual?

1

Por que não há relação sexual?

O título deste trabalho é um tanto estranho: "Por que não há relação sexual?". Seguramente, por vivência pessoal, perguntaríamos: "Como é possível isso, não há relação sexual?". Responderíamos com Lacan, em todo caso, que há *relações sexuais*. O plural aí muda suficientemente a questão para que pensemos, com efeito, que, quando Lacan afirma que "não há relação sexual", não fala das relações sexuais, mas de um conceito particular e apresenta esse conceito em termos negativos: não há relação sexual.

Diante disso, a pergunta que apresento é: "Por que não há relação sexual?".

A afirmação de Lacan nos leva a tentar justificar o porquê desse conceito, o conceito de que não há relação sexual.

O termo francês *rapport* se traduz por "relação" ou "proporção", podendo tratar-se ainda de um "relato", um "informe". Há três acepções, portanto, e das três teríamos que tomar efetivamente as três: proporção, relação e relato. Talvez a que melhor possa dar conta do que se trata, pelo menos em um sentido quase intuitivo, seja a de "proporção". Recordemos que proporção evidentemente implica uma relação de acoplamento, de adequação. Poder-se-ia dizer que se trata de alguma coisa que se encaixa exatamente noutra coisa. Esses são dois termos para iniciar essa reflexão, precisamente os dois termos pelos quais se deveria começar e que surgiram, como vemos, quase de modo imprevisto.

Aqui surge nova indagação: o que se supõe obter na assim chamada relação sexual, em termos imaginários, do cotidiano? – Supõe-se que dois fazem um! Que no acoplamento sexual, por meio do coito, logrem ser exatamente um. Aparentemente afirma-se isso. Lembremos do clássico mito do andrógino, de Platão – que Freud toma literalmente do *Banquete* –, que diz em seu discurso sobre o amor, pela boca de Aristófanes, que há efetivamente dois sexos. Como é que chegaram a ser esses dois sexos, já que de início só havia um? Foram castigados, dividiram-se e logo tenderam a buscar um ao outro para amar numa relação sexual, através da qual pudessem encaixar-se exatamente homem e mulher para, de dois, fazer um. Sendo assim, quase se poderia dar por resolvida a questão. Há um? Pois bem, pareceria então que as relações sexuais viessem a confirmar efetivamente que há um!

A esse respeito Lacan vai dizer que há um, mas há um que depende do Outro, e esse é um conceito-chave em sua obra. Quem é esse Outro? Não é esse outro escrito com *a* minúsculo que indica o próximo, o semelhante, o da relação bipessoal, interpessoal, intersubjetiva. Esse outro é justamente o que marca uma relação dual. É com esse *a* do pequeno *autre*/outro que o psicanalista deve romper para centrar sua atenção nesse outro *A*, nesse *Autre*/Outro[1] que é o lugar da palavra, tesouro do significante, conforme diz Lacan. Esse Outro não é nem de um nem de outro, não é das pessoas; esse Outro é um lugar virtual que transcende as pessoas e por isso ele o chama de Outro transindividual. "Trans": atravessa os indivíduos. Dito à parte: é sabido que esse conceito de indivíduo pouco tem a ver com a psicanálise, pois, etimologicamente, indivíduo significa "indiviso", o não dividido. O que postula a psicanálise é um sujeito por definição dividido, isso que na álgebra de Lacan se escreve assim: $.

Falávamos então no Outro, o grande Outro de Lacan, dizendo que, se é que há um, este não é senão o significante um (S_1). Assim, esse $ não é

[1] A letra "A" é tomada por Lacan do termo francês *Autre*/*autre*, Outro/outro em português. Algumas vezes, nas publicações em português, o A é substituído pela letra O.

igual a esse S_1: o primeiro está com a barra e o segundo sem a barra. Na álgebra de Lacan, o primeiro indica o sujeito e o segundo o significante[2].

O que quer dizer isso de que há um que depende do Outro, com efeito, mas também de S_1?

Essa notação S_1 está indicando um significante, que implica o que está na base do que constitui a bateria de todo o conjunto dos significantes (a bateria significante): o início de uma série. S_1 antecipa o que se segue na série e localiza aquilo para o que aponta a cura psicanalítica. O que busca a cura psicanalítica? Justamente o S_1. A possibilidade de localizar esse significante inicial, que ademais é um significante sem sentido. Um psicanalista não busca com a cura psicanalítica dar mais sentidos ao analisante; este já tem sentidos em demasia. Busca, ao contrário, tirar-lhe sentidos. Busca, na verdade, uma abertura tal que o confronte com o sem-sentido. Esse S_1 é, efetivamente, sem sentido.

Aqui nesse pequeno espaço da concepção de Lacan vemos novamente sua ironia, como ele se apropria de um conceito e termina dizendo que o aceita, mas de tal maneira que quase o inverte ou lhe dá outro sentido.

Em que termos há um, como maneira de pensar a relação sexual? Há um como S_1. Há um como significante 1, mas não há um porque homem e mulher não se encaixam exatamente, plenamente, um em relação ao outro. Então, não poderia ser, por acaso, como referimos no início, há relações sexuais? Não é verdade que cada um busca seu complemento?

A desordem que marca o terreno da sexualidade no ser falante mostra, de acordo com Freud (que não era pansexualista), que tudo é sexualizável, pois ele diz que tudo é passível de ser sexualizado, ou seja, no sexo, portanto, há uma dimensão de torção, uma dimensão inadequada. O instinto, pelo contrário, postula uma dimensão de encaixe exato. Nos animais há relação sexual. Por quê? Porque não são seres falantes! E em que nos transforma o fato de falar? Lacan nos responde que nos transforma em macacos enfermos, enfermos de significante, por culpa do significante. Por quê? Porque, por mediação desse bem inapreciável que é a linguagem, estamos

---

2 O S barrado – $ – indica a divisão do sujeito. Sujeito não é, portanto, indiviso/indivíduo. Indivíduo é um conceito pré-freudiano o qual, se poderia dizer, lhe faz resistência.

separados da coisa, perdemos a coisa, mas ao mesmo tempo construímos cultura. Se não fosse pela mediação da linguagem, não haveria possibilidade de construção de cultura. Aqui está a linha divisória entre o animal e seu instinto e o ser falante, o homem ou *falaser*, segundo a tradução literal do francês, *parlêtre*[3]. Esse *falaser* não tem instinto, mas sim, se me permitem a torção, é tomado por pulsões. Vemos assim a dimensão de torção que aqui se propõe. Não é um indivíduo que tem dentro de si, como propriedade do seu ser, instintos ou pulsões. Não! Essa idéia do transindividual[4] mostra que a pulsão circula como circula a linguagem. Quem é o dono da linguagem? Alguém pode dizer o que ou quem a iniciou? Quem a tinha dentro de si? Ou essa linguagem preexistiu a ele? No mesmo sentido temos que pensar, então, nessa dimensão como a que conduz à base, à maneira de um sujeito colocar-se diante do mundo.

Qual é a base? Esse é o paradoxo! A base é sem sentido! Assim, toda uma meta se coloca na psicanálise[5].

Tomemos alguns dados clínicos. A análise não consistirá, então, em buscar que o analisante diga: "Agora entendo tudo, agora tudo se tornou claro". Uma psicoterapia seguramente pode conseguir isso com êxito, o que afirmo ironicamente. O psicanalista, pelo contrário – diz Lacan –, buscará confrontar o analisante com momentos de sem-sentido, inclusive de despersonalização, mas de despersonalização terapêutica, reversível e transitória. A idéia é que chegue a perguntar-se por seu ser. Com a pergunta "Quem sou eu?", abre-se a possibilidade de confrontá-lo com o sem-sentido enriquecedor, de abertura, de flexibilidade, e não de apontar-lhe novos sentidos obturadores[6].

O sentido, como veremos adiante, é localizado por Lacan entre o imaginário e o simbólico como aquele que permite ao sujeito ter uma certa

---

[3] LACAN, J. *Séminaire 24: "L'insu que sait de l'une-bévue s'aile à mourre"*. Classe 9: "Nomina non sunt consequentia rerum". 08/03/77. Inédito.

[4] LACAN, J. "Função e campo da fala e da linguagem em psicanálise". In: *Escritos*. Rio de Janeiro: Jorge Zahar, 1998, pp. 259-60.

[5] LACAN, J. Seminário 11: *Os quatro conceitos fundamentais da psicanálise.* Rio de Janeiro: Zahar Editores, 1979, p. 237.

[6] HARARI, R. *Como se chama James Joyce?*. Salvador: Ágalma – Rio de Janeiro: Companhia de Freud, 2003. p. 241.

cosmovisão, uma certa clareza; algo que usualmente ocorre com as psicoterapias. Supondo que um analisante diga "Não entendi; podes dizer outra vez?" e o analista repita o que disse, então está explicando, está fazendo como eu agora, ou seja, está fazendo isso que Lacan chama de discurso da universidade. Uma interpretação não tem por que ser clara; tem que deixar linhas abertas. Quem procura o prosseguimento associativo da interpretação é o próprio analisante. Agora, ao contrário, se a interpretação é claríssima, aí então estamos dando um sentido, e isso está mais do lado da sugestão, em relação ao que Freud recomendava o máximo cuidado, para que o analista se colocasse na antítese da sugestão. O sem-sentido é também como dirigir-se, como dizia Freud, a uma espécie de *Kern*, de núcleo – um núcleo, poder-se-ia dizer, de nada. Em lugar de encontrar uma espécie de essência fundante, chegar-se-ia a um momento em que não há sentido. Claro está que o imaginário recomeça e vai provocar um sentido, mas um efeito de análise será, pelo menos, ver a relatividade dos sentidos. Mas, para que isso aconteça, há que passar pelo sem-sentido. Isso parece ser um ponto fundamental. Senão, como ocorre em muitas análises, troca-se um sentido por outro. Como operação analítica, porém, isso é fracassado, pois ficamos sem mudança. Há mudança de conteúdo, mas não de estrutura. Seria uma cristalização do imaginário, um imaginário por outro imaginário, uma cristalização em vez de outra. A relativização do sentido é uma experiência de modéstia do analista, pois este, antes de tudo, não está dando seu saber ao analisante; antes o confronta com um não-saber. Quando o analista dá sentido, aí se coloca no lugar de ideal do ego. Cai, então, a dimensão de estrutura. E como faz o analista para não encarnar o ideal? Se ele está pleno de sentido, como todo analisante busca, o analista é aquele que sabe viver, o que tem tudo resolvido, inteligente, feliz, etc. Quando ele é doador de sentidos confirma tudo isso.

Retomando então: se o S_1 é a base de um sujeito, essa é então uma base bastante estranha para atribuir a um indivíduo (disse indivíduo, *ex professo*), que sempre se define por propriedades; animal racional, por exemplo, que se define por faculdades como o intelecto, o afeto, a vontade, faculdades que efetivamente tem. O que propõe a psicanálise, contudo, ao contrário, é uma definição modesta, humilde: o basal que está em um sujeito é simplesmente uma raiz de sem-sentido.

O *falaser*, em conseqüência, induz, quando fala na análise, à convicção do que isso ensina. E o que ensina? Ensina que o sujeito está dividido.

Esse é o primeiro ponto a destacar aqui: sujeito dividido. Entre o que e o que o sujeito está dividido? O que é barra? – O sujeito está dividido entre o que diz e o que sabe? O sujeito sabe mais do que aquilo que diz. Isso, desde logo, não é algo volitivo, não é que decida não dizer, porque, mesmo que diga, não diz tudo o que sabe. Então, de que saber se trata? Aqui vem outra valorização e outra reformulação de Lacan a respeito de um conceito clássico: o saber. O sujeito é cindido, dividido entre o que diz e o que sabe, o que funda como categoria o saber inconsciente, e isso quer dizer, conforme as palavras textuais de Freud, que o paciente não sabia que sabia. Parece um jogo de palavras, mas na verdade isso é o que sistematicamente descobrimos na clínica psicanalítica: o paciente sabe, contudo não é um saber como o científico, não é um saber ao modo de um conhecimento, não é um saber – como diz Lacan – referencial. É um saber textual, de texto, que quer dizer justamente o modo como isso está articulado, constituindo uma cadeia que ele entende como texto; uma maneira de pensar o inconsciente como um texto e, conseqüentemente, estruturado como uma linguagem: constitui o ser falante como sujeito dividido e como efeito fica uma espécie de sedimento, de resto, esse resto que é o inconsciente.

O sujeito, então, está em referência a esse *A* maiúsculo, o Outro, e poderíamos crer que se trata de uma relação sexual habitual entre conceitos. Qual é a relação sexual? O sujeito e o outro. Há dois – poderíamos supor, então, "Amarás o teu próximo como a ti mesmo". A referência à generosidade, o respeito ao próximo vão fazer diferença com relação ao próximo. Da mesma maneira, tudo isso que se refere ao modo de supor que há relação sexual.

Na epistemologia se coloca que há um sujeito de um lado e um objeto de outro. Esses, sem dúvida, são conceitos caros à psicanálise.

$$\$ \qquad A$$

Fala-se em eleição de objeto. Por exemplo, de um lado está o indivíduo, o sujeito, algo assim, e do outro o objeto eleito. Nessa relação sexual crê-se que há a possibilidade de apropriar-se do objeto, chamado aqui (na epistemologia) de objeto do conhecimento. À esquerda (acima), está o sujeito do conhecimento.

Parece que Lacan, quando coloca a relação do sujeito barrado ($) com o Outro (A) maiúsculo, poderia estar duplicando, reproduzindo a relação da epistemologia, mas não é assim. O primeiro ponto é que o sujeito está barrado; mas, além disso, o sujeito se constitui a partir do Outro, e acontece que, depois desse grande Outro (A), o que resta como efeito de constituição, o que o constitui, o que o representa, vem a ser isso que Lacan diz que talvez seja seu único invento, o que ele chama de objeto *a* pequeno, ou simplesmente objeto *a*, ou ainda apenas *a*.

A que ele se refere com esse *a*? Ele quer dizer que isso é como uma espécie de pedaço caído, desprendido do corpo! Que estranho pensar no corpo assim, enquanto que, quando olhamos para ele, vemos que está inteiro! E é, no entanto, justamente esse pedaço caído, esse pedaço perdido, que o sujeito tenta depois reencontrar.

Essa invenção lacaniana segue, em princípio, o ordenamento das indicações de Freud. Um objeto perdido, por exemplo, seria o peito, o seio; perdido não porque há um momento em que o recém-nascido deixa de ser amamentado. É perdido no momento em que é elevado à categoria de *a*. O exemplo clássico que dá Lacan desse objeto *a* é o seguinte: ele pergunta, para tornar compreensível a questão, de quem é a placenta? Quem perde a placenta? É a mãe ou o bebê? A referência então, é a um lugar entre um e outro. E aqui há um esforço intelectual importante de Lacan quando se aproxima desse conceito de *a*. O peito, portanto, não é o peito kleiniano, da mãe. O peito é algo que está entre um e outro, na metade do caminho, motivo pelo qual se diz que é um objeto amboceptor, que tem seus lados dirigidos a ambos. Conseqüentemente, não é o ato de desmame que torna o objeto perdido, mas sim, sem mais nem menos, o momento em que se escreve como testemunho da demanda que se faz ao Outro[7].

A seguir, Lacan acrescenta também excrementos ou fezes. Nesse caso aparece de modo mais claro algo que se separa e cai do corpo; indubitavel-

---

[7] LACAN, J. Seminário 11: *Os quatro conceitos fundamentais da psicanálise.* Rio de Janeiro: Zahar Editores, 1979, pp. 186-7.

mente aparece de maneira muito visível, como algo que está no mundo e que se coloca nesses termos. Isso é o que dá uma característica própria do *a*, qual seja, justamente o de ser caído, desprendido e caído do corpo; é daí que parte para originar um tipo particular de pulsão, como veremos logo a seguir.

Isso se escreve, antes de tudo, diz Lacan, como "demanda do Outro". O que é demanda do Outro? O que se pode dizer desse genitivo indicador de possessão? Que é que um demanda ao Outro, ou é o Outro que demanda ao um, ao sujeito? Nos dois casos, trata-se de demanda do Outro. Aqui, o que importa, justamente porque está centrado na referência ao controle esfincteriano, é que isso é demanda do Outro. A mamãe que exige onde tem que fazer, o que tem que fazer, e pede isso que – como nos mostrou Freud – é o primeiro presente.

A isso agrega Lacan em sua última lista, pode-se dizer assim, em seu último conjunto de objetos *a*, dois mais: o olhar e a voz. O olhar que não é o fato de ver, mas antes o ser olhado. No Seminário 11, *Os quatro conceitos fundamentais da psicanálise* – que está traduzido para o português e que apresenta um desenvolvimento, eu diria, por momentos até poético e de alto valor literário –, Lacan diz: no olhar aparece agora a dimensão do desejo, e esse é também desejo do Outro. Novamente, então, no mesmo sentido em que havíamos falado sobre o excremento, que diz respeito à demanda do Outro, no olhar temos o desejo do Outro. É antes de tudo o olhar do Outro que me funda em um lugar particular, olhar que pode ser, como ele demonstra, inclusive algo que não tenha os olhos por apoio. O olhar pode ser justamente um *a* que cai de uma certa experiência do ambiente; pode ser mesmo um ruído[8]. O outro *a*, esse que é difícil de apreender, a voz, ele o denomina como desejo *ao* Outro. Esse último *a* é o que está mais próximo da experiência do inconsciente.

Seio, excremento, olhar, voz. O objeto, justamente, faz com que o problema apareça pela pulsão, porque ele estabelece, fundamentalmente, o movimento pulsional. Lacan coloca assim no Seminário 11: se esse é o objeto (ver fig.) – e ele está pensando na questão da relação sexual, ou,

---

[8] Idem, p. 84.

como dizíamos, que esse movimento não se apresenta como se supõe que ocorra na vida, ou seja, que aí está o objeto e alguém se dirige a ele –, essa idéia imaginária, errônea, é uma ilusão, pois o objeto *a* é deixado aí, sem ser apreendido. A pergunta de Lacan é: qual é o modo verdadeiro de a pulsão circular?

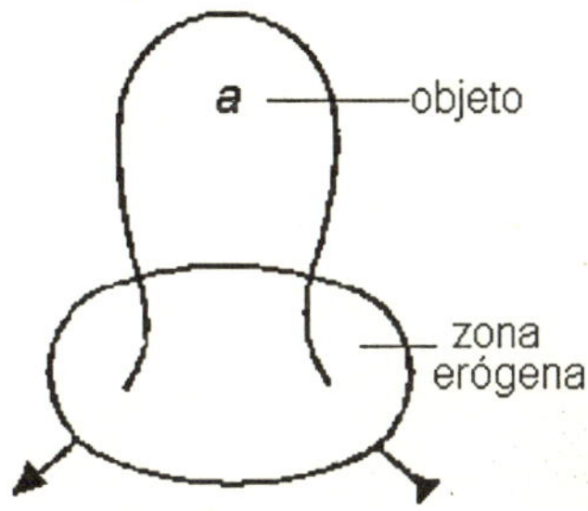

Como isso acontece? Bordejando o objeto, sem tocá-lo, retornando, porém, à zona erógena, à fonte pulsional, como diz Freud, que se confunde com a meta da pulsão[9].

Aos objetos *a* correspondem, então, zonas erógenas, e reconhecerão aí, do seio, a boca; do excremento, o ânus; do olhar, o olho; e a voz... Bem, aqui a questão é mais incerta, tudo aquilo que tem a ver com a emissão, com o falar, e sobretudo com o mutismo. Esses são lugares onde se recorta esse *a*, a voz.

Esse *a* não é algo como a vivência imaginária poderia indicar. Quem crê que haja algo assim na pulsão sustenta que há relação sexual. A clínica, pelo contrário, demonstra que o fundamental da pulsão é, sobretudo, um movimento – o que Lacan destacou de maneira notável. É o movimento, como ele diz, de "*se faire*", fazer-se! Trata-se de conseguir que o Outro me faça, ou seja, indica uma dimensão de notável riqueza na clínica que consiste em poder fazer ver a um sujeito o que determina o que os demais lhe fazem. Nessa questão então, por exemplo, pode-se dizer que podemos encontrar a chave de muitas neuroses de destino (e vamos colocá-la com a

---

[9] Idem, p. 169.

pulsão anal) – desculpem-me a maneira de dizer – nisso de fazer-se cagar, o que tem equivalentes em muitos aspectos da vida. Vê-se, então, que não tem a ver com um corpo biológico. Poder-se-ia dizer, também, fazer-se chupar! Isso seria, então, induzir vampirismo. Nós nos damos conta, então, de que o sujeito, buscando o *a*, retorna em direção à zona erógena. A pulsão não consiste, então, em uma espécie de catarse, não é a saída de uma energia em estado bruto em direção ao objeto.

Essa é uma dimensão na qual a desgraça que o analisante conta, na medida em que se toma efetivamente isso de "fazer-se", que é indicador da dimensão reflexiva – meio-reflexiva, mais exatamente –, que não é o "eu te" (forma ativa) nem o "tu me" (forma passiva), pois que se trata do "eu me", mas numa dimensão que não é exatamente alguém se dirigindo a si mesmo. Não é o autotormento masoquista, mas trata-se, antes, de ver de que maneira ele consegue que o outro o espanque, por exemplo. Aí está o "fazer-se", sem que isso implique de nenhum modo um retorno, digamos assim, ao que é comum ao indivíduo, o que implicaria uma intencionalidade, uma não-divisão. Reafirmo, digo indivíduo, *ex professo*.

Esse *a*, que se vê que é efeito do significante, ou seja, que é produzido pela ação do significante, como resto que cai da operação do barramento do sujeito, esse *a* está em seu lugar para que o sujeito, precisamente, seja constituído pelo efeito da ação significante.

O objeto *a* indica uma inadequação, indica a impossibilidade de acoplamento, indica que não há o Um platônico. Se houver um, esse será o S_1, o sem-sentido, o que efetivamente coloca esse *a* como ponto decisivo do "último Lacan" – refiro-me ao Lacan de 1974. Com essa noção do objeto *a*, Lacan abre sua reflexão sobre um ponto que uma problemática inaugurada por Freud em seu clássico texto "Além do princípio do prazer"[10] tematiza. Esse enunciado – além do princípio do prazer –, afirma Lacan, abre essa outra dimensão que dizíamos inaugurada pelo significante: a dimensão do gozo (*jouisens*). Aqui, outra vez, há um efeito quase de chiste na referência de Lacan: o gozo usualmente é masoquista.

---

[10] FREUD, S. "Além do princípio do prazer". In: Obras Completas. Edição Standard Brasileira. 1976, vol. XVIII.

O gozo não é o prazer. Ele o coloca assim em sua concepção, ainda que lexicamente sejam termos quase idênticos. Poder colocar o gozo como outra dimensão que não a do prazer indica que se pode empurrar o prazer até um ponto onde este, rebaixado, se encontra com essa dimensão chamada gozo.

O "último Lacan" coloca que esse gozo obstaculiza a plena relação sexual; esse gozo indica a não-existência da tal relação sexual. Coloca, então, o objeto *a* no centro de uma estrutura que ele adota da topologia (ver fig.). A topologia do nó borromeo diz que um nó de marinheiro, entrelaçado, atado entre si, colocado de uma forma plana, parece isso que lembra o símbolo dos jogos olímpicos, mas que lhe é distinto. O símbolo olímpico forma uma cadeia de elos, um amarrado ao outro. No nó borromeo, dois anéis sobrepostos são amarrados por um terceiro, obedecendo a uma determinada seqüência de cruzamentos para essa amarração. Enfim, três nós entrelaçados que não podem se separar: caso qualquer um deles se separe, desfaz-se o nó. No centro Lacan coloca o *a* e em cada anel um dos seus três registros, sobre os quais não vou me deter: o Real, o Simbólico e o Imaginário[11]. Vamos ver como se dá sua articulação.

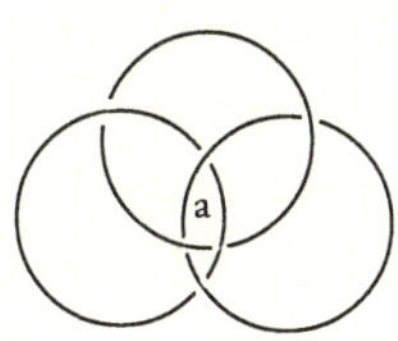

O *a* aparece, então, como lugar da confluência dos três registros. Isso quer dizer que não é Real, nem Simbólico, nem Imaginário. Ao contrario, é Real, Simbólico e Imaginário.

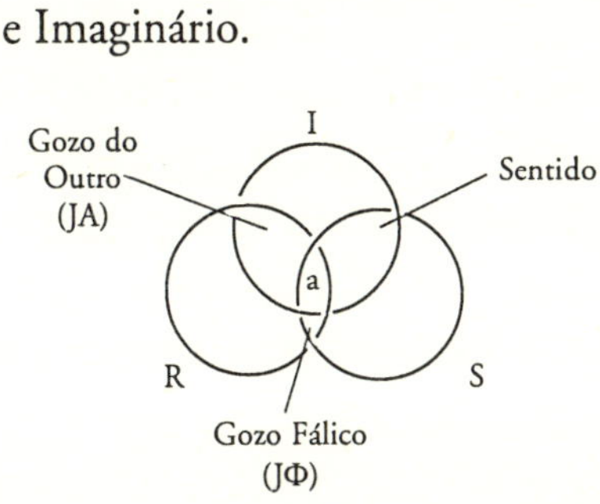

[11] LACAN, J. "La tercera". In: Intervenciones y textos. Buenos Aires: Manantial, 1991. (Texto apresentado por Lacan em Roma no congresso de 1974).

Lacan diz que enquanto confluência dos três registros é que se situa o objeto-causa do desejo, o *a*. O gozo do Outro (JA) está situado na interseção do registro do Real com o do Imaginário; o gozo fálico (JΦ), na intersecção do registro do Real com o do Simbólico. Na intersecção do registro do Simbólico com o do Imaginário ele vai situar o sentido.

Se levamos em conta essas estranhas denominações, essa peculiar maneira usada por Lacan há dez anos para colocar a questão, vemos que aqui está presente uma teoria dos gozos. Ele está tentando discriminar gozos distintos, ou seja, diferentes maneiras que o sujeito tem de poder enfrentar a inexistência da relação sexual, distintas maneiras de tentar suprir a ausência da relação sexual. Dizemos então: gozo do Outro, gozo fálico e (na confluência dos três registros) o *a*, denominado inclusive "plus-de-gozar". Desde logo, um *plus* que pode ser um *minus*. *Plus* ou *minus*, porque Lacan quer dizer outra vez que não há adequação. Essa é a insistência que a ação do significante nos indica: não há adequação. Temos, então, gozo do Outro – plus-de-gozar –, gozo fálico. Aqui se inicia, de alguma maneira, isso que parece ser o ponto central onde queria chegar: a maneira macho ou a maneira fêmea de falhar a relação sexual. Esse parece ser o ponto decisivo que abre clinicamente uma série de aspectos.

Quando falo da maneira de falhar a relação sexual é como o ato falho: aí aparece a verdade, não há outra maneira. O ato-falho, sob a perspectiva da eficiência, é fracassado. Mas esse é o verdadeiro ato. O termo falhar é usado por Lacan com todo o propósito. Há encontro, mas no sentido lacaniano: "Eu não busco, encontro", afirma ele noutro lugar, como algo que o desacomoda, como não sendo exatamente o buscado. Essa é a medida de todas as relações sexuais.

O gozo fálico colocado na intersecção do Real com o Simbólico assinala a falência do Um platônico. Por quê? Porque o gozo fálico indica que somente se pode gozar de uma parte do corpo. Isso é o que indica o significante Falo. Goza-se localmente e por isso não há a unidade pretendida por Platão; trata-se sempre de uma parte com relação a outra parte e nada mais. Há, contudo, uma maneira, diz Lacan, de poder tentar substituir essa falha da relação sexual: essa maneira é o amor. Lembremos, porém, que o amor, esse que por definição é narcísico (amar, para Freud, é querer ser amado; não há generosidade amorosa), é também egoístico, porque o sujeito, ao amar, busca ser amado. No amor há reciprocidade, como diz Lacan: "sentimentos são recíprocos". Quando se interpreta o ódio do analisante, esse ódio é o do próprio analista. Isso também pode ser dito com relação ao amor, mas a questão aqui é outra. Ela envolve o corpo, sendo então a questão do gozo.

O amor, obviamente, não é o desejo; isso é antigo como a humanidade! Agora, porém, se coloca outra questão – a do gozo, a qual nos é trazida por mérito de Lacan. Não digo que essa questão abarque tudo. Quero dizer que nessa temática se trata de pensar que nem tudo é amor, nem tudo é desejo; faltava essa dimensão do gozo.

Há a já mencionada tripartição dos gozos. Quando se trata de gozo fálico, esse que fundamentalmente implica a maneira macho de falhar a relação sexual, Lacan se vale de uma pontuação lógica bastante simples, no meu entender. Para dizer o que ocorre no lado masculino ele apresenta isso da seguinte maneira: quantificador universal ($\forall$): para todo o x ($\forall x$) se cumpre a função fálica (Φx) – o falo ele escreve assim: Φ. Contudo, Lacan acrescenta depois existe ($\exists$) pelo menos um x ($\exists x$) tal que diz não à função fálica ($\overline{\Phi x}$)[12]. A que se refere essa colocação? Essa é a função paterna, a castração. A negação, representada aqui pela barra sobre os caracteres, pode ser um dos símbolos possíveis para marcar o que ocorre com a maneira macho de falhar a relação sexual (não se trata aqui da maneira dos homens). Uma mulher biológica também pode estar colocada nessa maneira de falhar a relação sexual, do mesmo modo como um homem biológico pode se colocar na maneira fêmea de falhar a relação sexual.

O ponto mais interessante, além de todas as conseqüências, inclusive lógicas, que isso traz é que: para todo ($\forall x\ \Phi x$) e para não-todo x ($\overline{\exists x}\ \Phi x$) se cumpre a função fálica. Se não se cumpre para todos, cumprir-se-á nem que seja para um. É o que a lógica formal indicaria. Aqui está o problema, porque a mulher é não-toda. A mulher não é toda. Esse é o modo de se dizer, mas sempre apoiando isso no modo de escrevê-lo conforme os matemas lógicos.

---

[12] LACAN, J. Seminário 20: *Mais, ainda.* Rio de Janeiro: Jorge Zahar Editor, 1982, pp. 105-7.

Podemos dizer que aqui está o que se chama a ciência do Real: a lógica. Não-toda é e por isso há um gozo feminino – outra característica distinta do gozo fálico. Em princípio, e esse é o paradoxo, há um gozo feminino que a mulher sente, mas que não sabe bem do que se trata; daí a questão de ser o clitóris ou a vagina. Mas Lacan centra as coisas no ponto que é mais decisivo: a mística. Ele diz que um místico não é um psicótico; trata-se aí, justamente, do modo como um místico (em particular a mulher) goza com o corpo.

A mulher, portanto, está conectada a um gozo suplementar: o gozo do Outro. Aqui – para nos complicar um pouco mais a vida, ele nos pede mais um esforço – o problema é que "O gozo do Outro não existe"[13]. O que quer dizer isso? Como não existe? Não existe, contudo tem estatuto de existente. Aqui se entra no que os estóicos demonstraram muitos anos atrás sobre a implicação material e que pode ser uma coisa bastante simples: trata-se desses jogos lógicos nos quais, embora de antecedente verdadeiro não se possa chegar a um conseqüente falso, ao contrário, de algo falso pode-se chegar ao verdadeiro. Pois essa é a problemática dos gozos: isso quer dizer que gozando localmente se infere que haveria outro gozo, um gozo suplementar. Há a suposição de que há mais, só que esse mais não existe! Mas atenção, porque dizer que não existe não quer dizer que deixe de ter eficácia, "não existe" não quer dizer que não determina. Quando se diz que não existe, não se está falando de nenhum empirismo, de nenhum dado objetivo; indica-se que no local do gozo – a mulher, de modo particular – invoca-se um suplemento, convoca-se um suplemento. Por isso para a mulher é mais possível gozar com todo o corpo e não localmente.

Há, na literatura de origem espanhola, dois autores clássicos, que são Santa Tereza de Jesus e San Juan de la Cruz, aos quais Lacan faz referência, especialmente a Santa Tereza, a quem cita com freqüência[14]. A ela em particular, porque quer marcar o diálogo dela com Deus. Lacan foi um dos que mais enfatizaram que temos de conhecer as religiões e ver o que ocorre sobre esse bom e velho Deus, como ele o chama, ou seja, é necessário en-

---

[13] LACAN, J. Seminário 22: R.S.I. Classe de 21/01/75. Inédito.

[14] LACAN, J. Seminário 20: *Mais, ainda*. Rio de Janeiro: Jorge Zahar Editor, 1982, pp. 102-3.

tender esse diálogo tão especial com esse velho Deus e o modo como aparece no corpo – nós o traduzimos como grande Outro –, porém fundamentalmente em sua aparição sexuada. Quer dizer, as leituras dos místicos indicam praticamente momentos orgásticos, que são articulados a momentos de dor, de castigo, de penitência. E também essa maneira de renunciar aos prazeres para articular-se a esse gozo do Outro, que não existe, e tentar escrevê-lo. Aí a importância que tem o Escrito como modo de tentar passar ao Real essas experiências místicas; por isso Lacan lhe dá tanta importância e insiste que se trata de outra dimensão que a psicótica, ou seja, que aí não haveria forclusão do Nome-do-Pai e seria um tipo de gozo mais feminino, mas não da mulher, feminino no sentido de invocar o suplemento fálico. Fazendo uma pequena digressão, diria que a usual ligação entre um neurótico e um perverso acontece justamente porque o perverso vem prometer ou encarnar um gozo adicional a respeito do neurótico. O neurótico quer ser perverso; busca por um suplemento ao gozo fálico. É esse querer transcender que, na fantasmática do neurótico, é inclusive usualmente dirigido como um pedido ao analista: "Como é que ele pode e eu não?". O perverso é usualmente, como se diz, um gozador, mas Freud mostra que se trata antes de um pobre diabo, mascarado de hiperprazer.

O assinalamento de Lacan de que não estamos diante da psicose remete a outra questão, a da sublimação – se é que se trata de sublimação, porque o registro é uma espécie de tecido. O momento do contato místico é o momento de estar fora da cultura; a sublimação estaria articulada, antes, com o momento do Escrito. Esse é o ponto em que toda a literatura é mística, não somente os estudos, mas todo o modo de transmitir um saber sobre o que se sente. Quando está escrito está posto em circulação: está escrito para ser lido. Não é uma experiência privada, singular; busca-se efetivamente que circule. Daí a palavra literatura, no sentido estático, no sentido de privilegiar o termo literatura, o qual indica atenção para certos parâmetros, para a obtenção do efeito estético. E aqui há que articular o caráter sublimatório do Escrito. Não é, portanto, simplesmente um catatônico delirante que caminha e fala sozinho; é bastante diferente. Mas poderíamos dizer que os paranóicos também escrevem, e muitas vezes contra a psicanálise, como maneira de tentar curar-se. Entretanto, a literatura mística apresenta também uma estrutura paranóide, porque se capta aí, ao lado da humildade frente a Deus, do mesmo modo, a condição de objeção frente a Deus. Temos então, por esse viés, uma megalomania paranóica.

Retomemos: afirmamos que o gozo do Outro não existe, porque não pode ser alcançado. É um horizonte, tanto em termos intuitivos como imaginários. Contudo, não basta dizer que é um horizonte para que caia. É constituinte.

No que se refere à mulher, o remédio para o "ser não-toda" é um *a* particular. Esse vislumbre de *a* que não se esgota é um *a* primordial na maneira fêmea de falhar a relação sexual. Esse *a* é um filho. O filho é esse *a* obturador que a mulher põe no mundo; é um filho in-mundo que faz as vezes de tampão para a sua "não-toda". No *Seminário 20* isso continua a ser explicitado, mas, sem problematizar mais ainda, me refiro a que em *Encore* Lacan coloca outras questões que tocam essa temática e que confirmam o caráter desdobrado da mulher, isso é, que ela tem efetivamente uma possibilidade de dirigir-se de modo desdobrado em relação a distintos aspectos da vida. Por exemplo, como pode ser esposa, mãe e ao mesmo tempo ser uma pessoa que trabalha, que tem uma carreira profissional? Essa, que é uma queixa habitual das analisantes, parece a colocação em ato da referência ao desdobramento feminino. A mulher é não-toda e, portanto, se desdobra.

No que diz respeito ao homem, Freud detectou com todo rigor a força do superego masculino e isso não é um mérito, mas antes uma desgraça, se levamos em conta o que nos apresenta Lacan no mencionado *Seminário 20*: o imperativo superegóico é "goza!". E por isso o lança em um impossível, no impossível de gozar todo o tempo e, a esse imperativo kantianamente categórico, a esse que diz "goza!" o sujeito, só pode responder "ouço", uma vez que aí há um jogo de palavras com o francês *jouir*, do qual se pode entender tanto o gozo, como o ouço. Goza, eu ouço: isso é tudo o que o sujeito pode fazer diante dessa terrível prerrogativa.

Como mencionamos, o desdobramento, então, desse não-toda leva a mulher a estar sempre um pouco ausente, algo assim como nunca estar de todo.

Isso faz com que Lacan diga em uma de suas *boutade* que as mulheres são um pouco loucas. Esse "um pouco loucas" é porque estão sempre um pouco ausentes do lugar onde estão. O homem, pelo que a angústia de castração nele determina, apresenta-se inevitavelmente mais paranóico do que uma mulher. Sobre a mulher, Lacan afirma também que ela está mais perto da verdade, o que numa leitura pode-se dizer que é porque tem menos medo. Traduzindo: a mulher sofre menos a angústia de castração.

Há uma frase no *Seminário 20* que diz mais ou menos o seguinte: não há relação sexual porque o gozo do Outro, considerado como corpo, é sempre inadequado[15]. É inadequado porque se trata de que o gozo do Outro, em sua única existência, é da ordem do falso e do verdadeiro; esse é o lugar do gozo do Outro, ou seja, o gozo do Outro é o que não existe e, conseqüentemente, é impossível. É Perverso, por um lado, enquanto é Outro – com maiúscula –, pois se reduz sempre ao *a* (minúsculo). O A maiúsculo (Outro) se reduz finalmente a isso, um *a* minúsculo. Alguém crê possuir o grande Outro e o gozo que o determina como tal; contudo, a única coisa com que se encontra é com os restos que são os *a*(s). É aí que está localizada essa questão que é basicamente perversa, que sempre está torcida, que vai para outro lado, etc. Isso, por um lado; por outro, Lacan diz que o gozo do Outro é louco e enigmático. Enigmático porque sempre é uma busca que causa isso que é crucial para todo analista e para todo analisante, que é a dimensão do enigma, a dimensão – repito – do insabido.

Em suma, nessa apertada síntese, tentei mostrar quais são as características que o ser falante apresenta a respeito desse modo tão especial de sexualizar seu mundo e de que maneira esse desejo, como a vulgata já mostrou, é perverso, diz Lacan, tal como Freud demonstra.

Para concluir, devemos ter presente que, quando alguém insiste na questão do significante, de que aí não se trata de um significante lingüístico, mas sim de um significante que se articula ao gozo, concordamos: trata-se de um significante psicanalítico e não lingüístico.

[15] Idem, p. 197.

2

Falo[1]

I. Falo e castração

O propósito desse Seminário consiste em procurar o desvelamento das principais idéias-força que funcionam como verdadeira coluna vertebral desse Escrito lacaniano fundamental. A formulação rigorosa do papel articulador do falo na economia subjetiva, tanto como as implicações paralelas que tem nela o complexo de castração, resultam substanciais para sustentar a transferência e para uma correta direção da cura analítica.

Essas coordenadas têm sido praticamente desprezadas pela psicanálise pós-freudiana, e não precisamente por meio de seus piores expoentes. Por isso, na necessária polêmica com "os melhores", evidencia-se a fecundidade do ensino de Lacan, com referência à validação das mencionadas coordenadas, sem as quais se perde tanto a determinação sexual – não-tudo é sexual, mas, sim, é sexualizável – como uma precisa definição e

---

[1] Seminário ditado na *Maiêutica Florianópolis – Instituição Psicanalítica*, nas datas de 27/7/2001, 14/9/2001 e 30/11/2001. N. do A.: Quero agradecer, sinceramente, a meus colegas de *Maiêutica Florianópolis* Inezinha B. Lied, Tania V. Nöthen Mascarello e Carlos Augusto M. Remor pelo trabalho de transcrição desse Seminário – efetuado a partir da gravação do mesmo –, o que foi realizado com critério, conhecimento preciso e rigor intelectual.

limitação da angústia em nossa práxis. Essas questões, enfim, marcam a atualidade desse Escrito exemplar, as quais nos propomos elucidar no curso do Seminário.

"A significação do falo"[2] é um dos textos mais difíceis de Lacan, no qual há alguns trechos muito densos que requerem necessariamente interpretação, leitura e releitura. Faremos um desenvolvimento em três partes, dando algumas linhas latentes do percurso de Lacan que ficam implícitas nesse texto. Uma de suas peculiaridades que chama nossa atenção é a sua insistência em manter tantos termos em alemão. A Conferência que agora ele escreve foi dita em alemão, motivo pelo qual preferiu manter tantos termos nessa língua, o que não acontece em outros Escritos e outros Seminários. Como veremos, esses termos assumem a importante função de elucidar questões.

É um texto de 1958, um de seus *Escritos,* mais ou menos concomitante com as datas dos Seminários dos anos 56/57, 57/58 e 58/59, quando estava trabalhando os Seminários 4, 5 e 6, isso é, *A relação de objeto*, *As formações do inconsciente*, e *O desejo e sua interpretação*[3]. É um momento inicial de Lacan, um dos momentos fundacionais do que se poderia chamar seu percurso teórico, e o que ele vai dizer a respeito do falo não é sua última palavra sobre a questão da função fálica e do que implica o falo para a psicanálise e para a direção da cura psicanalítica. Vai faltar seu importante percurso do *Seminário 20, Mais, ainda* – as chamadas fórmulas de sexuação, necessárias para apreender, depois, a significação do falo.

Comecemos no textual, pelo próprio título. Lacan coloca o título de uma maneira que lhe é peculiar. Muitos anos depois fica evidente que, quando o título foi dado, não tinha como alvo o que efetivamente conseguiu alcançar. Quando Lacan colocou o termo em alemão, nada indicava, como ele vai dizer anos depois, que com *Die Bedeutung des Phallus* ele teria

---

[2] LACAN, J. "A significação do falo". In: *Escritos*. Rio de Janeiro: Jorge Zahar, 1998, pp. 692-703.

[3] Seminários de Lacan editados no Brasil por Jorge Zahar Editor: Seminário 4 em 1995, Seminário 5 em 1999. O Seminário 6 permanece inédito.

presente a lógica de Frege[4], com sua divisória entre *Bedeutung e Sinn.* Em termos gerais, para Frege, uma das traduções possíveis para *Bedeutung* é significação. Encontramos também no percurso da obra de Freud o termo *Bedeutung*, o que pode querer dizer não só significação, mas também referência ou referente, isso é, o que podemos indicar com o dedo, aquilo que está em questão quando dizemos alguma palavra, à maneira tradicional de Platão de dizer que nós temos as coisas e os nomes a respeito das coisas. E o referente ou referência é exatamente o objeto indicado pela palavra, pelo nome. Então, a *Bedeutung* não é só significação; é também referência. E não é uma má maneira de traduzir. *Bedeutung* é a referência do falo, ao que nos referimos quando falamos do falo.

Ainda temos uma outra complicação, antes de dar conta do que quer dizer *Sinn.* Temos de considerar uma outra maneira de traduzir o termo, um pouco densa, um pouco estranha, como foi colocado em espanhol pelo novo tradutor da obra de Freud, José Luis Etcheverry, da Editora Amorrortu, pois *Bedeutung* foi também traduzido como "significatividade", isso é, uma coisa significativa, uma coisa importante, transcendente. Temos, então, significação, referência e importância – importância do falo como organizador da sexualidade, mas não só da sexualidade, como também do liame entre sexualidade, fala e inconsciente. Esse é o lugar de início, que Lacan vai chamar um lugar de nó, não do falo, mas do complexo de castração.

Voltemos agora das três traduções de *Bedeutung* para *Sinn.* Literalmente, *Sinn* quer dizer sentido. Como já asseveramos, Lacan diz, anos depois, que tinha presente essa dicotomia, essa distinção que Frege fazia ao diferenciar *Bedeutung* de *Sinn.* Mas, a nosso entender, isso não é decididamente claro nem evidente.

Então, se tomarmos *Bedeutung* como referência, podemos construir, a respeito do mesmo referente ou referência, sentidos diferenciais. O tradicional é dizer, por exemplo, a estrela matinal ou a estrela vespertina, sempre que se trata de Vênus. Se temos nos dois casos o mesmo referente, é o sentido, portanto, que está mudando, temos que quebrar o liame necessá-

---

4 FREGE inaugura a necessidade e a possibilidade de formalizar as articulações entre lógica e linguagem. Autor, entre outras obras, de *Escritos lógicos e filosóficos* e *Fundamentos da aritmética.*

rio entre a coisa ou referente e o nome. Essa é a tradicional discussão do diálogo de Crátilo, se os nomes são convenientes ou não para as coisas. Há algo na coisa que vai definir qual é o nome próprio para ela? Parece estranha essa colocação, mas é muito comum pensar assim. Alguns dizem, inclusive, a respeito do nome das pessoas: "Ele tem a cara do nome, encaixa muito bem o nome para essa pessoa". Quando acreditamos nisso, acreditamos num conceito modal de necessidade, mas na verdade isso é absolutamente arbitrário. Assim disse o famoso lingüista Ferdinand de Saussure[5], que foi, como é sabido, um dos referentes fundamentais de Lacan, e de quem nos ocuparemos mais adiante com maior atenção. Saussure diz que os liames não são entre coisa ou referente e nome, mas entre significante e significado: o laço entre eles é, então, arbitrário. Para Lacan, não são arbitrários; são contingentes, ou seja, o contraposto de necessário.

Ainda a respeito do nome, ao entender *Bedeutung* como referente, supõe-se que haveria uma única significação do falo, visto que se trata de uma única referência. Mas aí temos que jogar com o genitivo – genitivo subjetivo e genitivo objetivo: o falo é o outorgador de significações e não tão-somente que implique uma única referência em si mesmo, isso é, o que significa em si mesmo, por um lado, e a maneira como ele dá significação para os outros significantes, por outro. Então, isso está gerando o conjunto do significável que, sem dúvida, é um conjunto aberto. Por isso assinalei que há uma tripla leitura do título pelos termos *Bedeutung* e *des*: a significação do falo em si, como referente; a significação do falo por ser significativo, por sua importância; a significação outorgada pelo falo a outros significantes. Esta terceira articula-se ao *Sinn*, pois temos a respeito do mesmo referente ou referência sentidos diferenciais. O *Sinn*, por abrir para diferentes sentidos, pode provocar dúvidas, pois não sabemos que a referência é a mesma. Para cada um dos "olhantes", qual é uma estrela e qual é a outra? Há que haver alguma intervenção ou demonstração, dizendo que é a mesma. Mas para um sujeito podem ser distintas, por isso têm nomes – *Sinn* – diferenciais. Então, é necessária a função de referencial para corrigir isto

[5] SAUSSURE, F. *Curso de lingüística geral*. São Paulo: Cultrix, 1993, p. 81.

que não sei se pode ser chamado de erro. É a maneira como ficamos comprometidos com nossa percepção, dando *Sinn* diferenciais.

Retornemos ao título, que remete à referência, à importância, e, finalmente, à significação do falo – falo enquanto organizador da sexualidade, enquanto maneira muito especial pela qual a psicanálise vai conceber a sexualidade – e, a partir disso, podemos dizer que temos possibilidades para nos manter nos meios que a psicanálise nos permite. Há possibilidade de confundir o que é a nossa maneira de entender a sexualidade, que é à maneira de erotólogos que somos, diz Lacan no *Seminário 10*[6], e não sexólogos. Isso não dá lugar a uma cura de terapia sexual. Não se trata, então, da maneira de transar melhor ou pior, com receitas determinadas. Daí que seja algo tão estranho o modo como Lacan vai começar o texto, falando que só há uma maneira de se identificar com o tipo ideal de cada um de nós, para nosso sexo, que é pela via de uma privação. Coisa estranha! Pela via de uma privação – e, pior, pela privação de uma coisa que não temos. Então, Lacan começa a introduzir a dimensão do falo como faltante, de maneira muito determinante, muito brutal, sem nenhuma apresentação introdutória à questão, indo diretamente para o ponto da castração: "Sabemos que o complexo de castração inconsciente tem uma função de nó"[7]. Por que começar pela castração, se supostamente se trata de *a significação do falo*? Poderíamos dizer que é uma coisa e outra; são os dois lados da mesma moeda. Isso já foi definido assim, por Freud, em "A organização genital infantil" e em "Algumas conseqüências psíquicas das diferenças anatômicas entre os sexos"[8], textos necessários como base para entender o liame entre o falo e a castração. A maneira metafórica de falar de castração, em psicanálise, não quer dizer uma operação cirúrgica, em que algum órgão resulte caído, cortado; não é isso! É sabido que o termo lexical se refere diretamente ao corte dos testículos, mas também não é isso! Então, é um complexo. Como complexo, trata-se de uma questão conformada em uma

---

[6] LACAN, J. *Seminário 10: A angústia*. Classe de 14/11/62. Inédito.

[7] LACAN, J. "A significação do falo". *Op. cit.*, p. 692.

[8] FREUD, S. "A organização genital infantil" e "Algumas conseqüências psíquicas das diferenças anatômicas entre os sexos". In: *Obras Completas. Edição Standard Brasileira*. Rio de Janeiro: Imago, 1976, vol. XIX.

rede, uma maneira complexa de trabalhar em si mesma, como o nome diz. Não é uma simplificação. Temos que abrir o que implica a questão desse nó, denominado complexo de castração.

Posteriormente, Lacan – é minha leitura – faz outro truque ao dizer que já tinha presente uma idéia do nó nesse momento, quando muitos anos depois vai falar do nó borromeo. Podemos dizer que isso não é correto, que nesse momento ele não tinha idéia do nó borromeo, na medida em que não estava trabalhando com ele e isso só apareceu no seu ensino no ano de 1972[9]. Então aqui a idéia de nó é outra coisa – o nó como uma confluência, uma convergência, como uma maneira de fazer co-incidência de várias questões. Começando a explicitar as questões: "[é um nó para] a estruturação dinâmica dos sintomas no sentido analítico do termo [...]"[10].

É evidente que sintoma é uma palavra tomada diretamente da medicina. Na psicanálise, seu uso é muito distinto; é somente uma questão homonímica. Nosso sintoma quer dizer que se apresenta, e se demanda, como analisável, no sentido analítico do termo; quer dizer o que é analisável, ou o que se oferece – demanda por isso – segundo os ditos do analisante. Lacan é quase irrefutável ao afirmar que a maneira como se apresenta o sintoma dá lugar a três estruturas: neurose, psicose, perversão. Paradoxalmente, e num estilo muito condensado, está dizendo que temos sintomas psicóticos analisáveis. As perversões também têm sintomas analisáveis e, obviamente, do mesmo modo acontece no campo das neuroses. Em geral, diz-se que o analisável no campo da neurose são as inibições, os sintomas e a angústia. Aí está o sintoma, o analisável em cada uma das estruturas, e isso tem a ver com o modo como se estrutura, enquanto nó, o complexo de castração.

Lacan não disse ainda o que é o complexo de castração e vai apresentá-lo agora em sua função de nó:

1 – "Na estruturação dinâmica dos sintomas";

---

[9] LACAN, J. *Seminário 19: ... ou pire.* Classe de 9/2/72. Inédito.

[10] LACAN, J. "A significação do falo". *Op. cit.*, p. 692.

2 – "Numa regulação do desenvolvimento que dá a esse primeiro papel sua *ratio*"[11].

Dizer que o complexo de castração regula o desenvolvimento quer dizer que não se trata do desenvolvimento no sentido evolutivo do termo. É que muitas vezes em Freud, se o lemos literalmente, parece que ele toma o desenvolvimento no sentido cronológico evolutivo. Aqui, inversamente, dar a *ratio* quer dizer dar a razão, a medida, a base, a proporção, tudo isso que significa o termo em latim *ratio*, a racionalidade. Esse complexo não é uma coisa que vai aparecer mais cedo ou mais tarde, não é um fato cronológico, mas uma maneira particular de organizar o desenvolvimento. Temos aqui a palavra desenvolvimento, *développement*, utilizada por Lacan, própria – entre outras – de uma disciplina da psicologia, a psicologia do desenvolvimento ou evolutiva, relacionada à observação que podemos fazer das etapas da vida, a tudo que está ligado à observação visual, ao olhar empirista e generalizador. Mas não temos psicologia evolutiva psicanalítica; trabalhamos com a estrutura, não com o fenomênico. Assim, trata-se de uma coisa que vai muito além do fenomênico. Temos que ter outra idéia do tempo, dado que o tempo próprio da psicologia evolutiva é o tempo cronológico, da sucessão, do antes, agora e depois, uma sucessão cronológica que não é o tempo que trabalhamos em psicanálise. O complexo de castração, então, regula o desenvolvimento, dando a esse primeiro papel sua *ratio*, colocando a seguir as três maneiras das quais ele depende. Essas três maneiras não têm entre si, necessariamente, relação umas com as outras; elas podem coincidir ou não, podem estar as três em liame ou não. Cada uma delas pode ter sua autonomia, mas, nessa regulação do desenvolvimento, o ponto fundamental dos alvos da leitura desse texto é toda a luta de Lacan contra o "genitalismo", e aí está o que poderia identificar, como nome condensador, a psicologia evolutiva psicanalítica: o "genitalismo".

Esse mito da genitalidade é, para muitos, tomado na época das décadas de 50 a 70 como se fosse a maneira de alcançar a plenitude normal e

[11] Idem, ibidem.

não-neurótica, resultado de uma leitura apressada de Freud, em que aparentemente toda evolução libidinal deveria culminar na genitalidade. Então, o que implicaria a genitalidade? – aparentemente, dar lugar a uma personalidade completa. Não estou inventando o termo, já que podemos localizá-lo no texto chamado precisamente *Psicanálise do homem normal*[12] dos anos 50, de Gustave Richard, que procura traçar o desenvolvimento com o desenho de um ser humano maravilhoso, porque é genital. Uma personalidade genital ama, produz, tem boas relações de amizade, participa na cidade, é feliz com seu trabalho, desfruta da vida familiar, etc. Todo esse quadro maravilhoso se alcança pela obtenção da genitalidade. O raciocínio de Richard pareceria, de uma maneira um pouco livre, o que diz Freud em "Pulsões e seus destinos". Vou fazer uma glosa do que diz Freud: um sujeito oral incorpora outro, então o anula, identifica-se com ele ou o introjeta; um sujeito anal caga o outro ou o anula; um sujeito genital o penetra ou é penetrado pelo outro, e pode sair sem anular esse outro, pode entrar e sair e pode obter gozo[13]. Então, a generalização feita por Richard – não sabemos se Lacan conhecia o texto – não é só dele.

Esse mito, portanto, apresenta a maneira de chegarmos à genitalidade se fizermos um bom percurso evolutivo libidinal. Genitalidade, como em muitas ocasiões é entendida, é poder ter boas relações sexuais heterossexuais – isso é fundamental – e, se possível, monogâmicas também. Tudo isso participa do mito da genitalidade. Mas temos que considerar o fato fundamental, um dado que singulariza nossa clínica lacaniana entre outras, que é a presença do fantasma. Muitos dos sujeitos chamados genitais que procuram, por exemplo, fazer re-análise mostram que o fantasma não foi absolutamente considerado nas análises anteriores. Efetivamente, o sujeito era genital, condutualmente genital, mas para isso lhe era imprescindível ativar fantasmaticamente alguma coisa que não tinha a ver, de modo direto, com a situação: por exemplo, bater na parceira, espancá-la, insultá-la, chamá-la de prostituta, ou inversamente, ser espancado e/ou insultado ou humilhado por ela, entre tantas outras possibilidades ou alternativas mostradas pela

[12] RICHARD, G. *Psicoanálisis del hombre normal.* Buenos Aires: Psiqué, 1953.
[13] FREUD, S. "Os instintos e suas vicissitudes". In: *Op. cit*, vol. XIV, pp. 160-1.

clínica, tudo isso que precisava ser ativado silenciosamente e trazia conseqüências depois, além do momento do coito, para sua vida inteira, conduzida por esse fantasma, que não fora objeto da análise. Como se vê, as conseqüências são pesadas. Considerar ou não o fantasma não é uma opção, mas o é fazer uma psicanálise condutual – tendo como alvo um sujeito genital.

Para marcar que essa questão não diz respeito à genitalidade, Lacan vai considerar os três pontos contingentes entre si. Isso não está dito expressamente; temos que interpretar a partir de suas afirmações. No primeiro ponto temos "[...] a instalação, no sujeito, de uma posição inconsciente [...]"[14]. Por que sublinha "instalação"? Porque é uma aquisição e, sendo assim, não tem por que "vir com o sujeito", não é produto de uma evolução, não está nele e nem vai surgir naturalmente com o percurso do tempo, como supõe uma posição evolutiva. É então constitutiva, mas que tem que se instalar. Não se pode começar por ela; é algo que acontece – instalação de uma posição inconsciente. Por ser uma posição inconsciente, não se trata da observação de condutas, sendo que podemos inferi-la a partir da conseqüência que acarreta, qual seja: "[...] posição inconsciente sem a qual ele não poderia identificar-se com o tipo ideal do seu sexo"[15]. Vai se esclarecer adiante o que é o tipo ideal, quando Lacan introduz as idéias de Joan Rivière sobre "A mascarada"[16].

O tipo ideal parece, como diz o nome, idealização, isso é, um protótipo da maneira de ser homem, de ser mulher, tanto que não há maneira de assumir essa posição inconsciente, se não for por um desvio chamado "a máscara". Mais uma vez, um grande problema: é que não há essência de homem e de mulher. Isso não quer dizer, como ele vai sublinhar depois, culturalismo, nem estudo de gênero, nem multiculturalismo. As construções sexuais são seculares, mas, apesar disso, há protótipos ideais. Um sujeito pretende ser, por exemplo, efetivamente um homem muito homem, e a mulher, muito mulher. Aí está o ideal. O que faz a castração, com efeito, é procurar uma máscara que vá suprir a ausência de "encarnadura" do tipo

---

[14] LACAN, J. "A significação do falo". *Op. cit.*, p. 692.

[15] Idem, ibidem.

[16] RIVIÈRE, J. et alii. "La femineidad como máscara". In: *La femineidad como máscara.* Buenos Aires: Homo Sapiens, 1979.

ideal. A máscara não é o tipo ideal, e nesse sentido, para usar um termo posterior de Lacan, é uma suplência – uma coisa que vem substituir o tipo ideal –, posições do inconsciente, instaladas, que marcam um início, mas não como ponto de partida, no sentido biológico. Esse é um dos pontos dos quais estamos querendo nos afastar: o da evolução, da biologia e da cronologia.

O texto nos apresenta três obstáculos epistemológicos: já vimos a diferença do sintoma para a psicanálise e para a medicina e a discordância com a psicologia, pois não há uma psicologia evolutiva psicanalítica. Vamos nos ocupar agora de uma oposição à biologia, pelo termo necessidade. Sobre a "posição inconsciente" Lacan segue dizendo que sem ela o sujeito não poderia "[...] tampouco responder, sem graves incidentes, às necessidades de seu parceiro – *partenaire* – na relação sexual [...]"[17]. Não sei se foi um erro de Lacan colocar aqui o termo necessidade, justamente quando ele vai articular importantes questões nesse Escrito especificamente sobre a diferenciação entre necessidade, demanda e desejo. Então, que ele mantenha aqui o termo necessidade é, na minha leitura, um contra-senso. Temos que usar qualquer outra palavra que não seja necessidade, pois vamos preservar o termo necessidade para a necessidade biológica – essa que diz respeito à necessidade e à satisfação da necessidade –, pois estamos numa dimensão em que procuramos ir além da necessidade.

Lacan vai introduzir, de seu próprio vocabulário, o termo demanda e fazer uma retroleitura do termo *Wunsch* de Freud, passando por Hegel, para atribuir-lhe a tradução de desejo (fará o mesmo, como veremos, com *Begehren*). Nesse sentido, também poderíamos dizer que o termo desejo é de Lacan, assim como o termo demanda. Não é assim com necessidade, que é o termo tradicional para falar das necessidades biológicas e da maneira de satisfazê-las.

Na forma utilizada por Lacan – "responder às necessidades do parceiro sexual" –, não se trata de necessidades, especialmente se consideramos a ciclicidade e recorrência que lhe são próprias – a fome, necessidade do ar, necessidade das excreções. Estas são peremptórias, voltam constantemente

---

[17] LACAN, J. "A significação do falo". *Op. cit.*, p. 692.

e, se me é permitida a tautologia, são necessidades necessárias quanto a sua "colocação em ato".

Mas, por exemplo, a respeito do sexo, além das conseqüências, sabemos que existem "tranqüilamente" muitas abstinências sexuais. Mais ainda, como dizer quais são as necessidades do *partenaire*? Como defini-las? Estaria na mesma linha do que implica comer, respirar? – Evidentemente, não. Aí está o corte, a divisória que permite dizer que aqui se trata de outra coisa. Podemos eventualmente responder aos desejos do *partenaire*, não às necessidades. Por isso, na minha opinião, o reitero, o uso aqui do termo "necessidade" é conflitante e obstaculizador.

Aparece, assim, a inter-relação entre os três termos: necessidade, demanda e desejo. A necessidade, que leva à satisfação orgânica, não está separada dos outros dois. O ponto é que a necessidade também cai; finalmente, não é independente. Temos que trabalhar bem a subtração entre necessidade e demanda para que aí haja a possibilidade de aparecimento do desejo, mas sem dúvida a necessidade também vai ficar marcada. Essa é a questão dos registros, temos que aceitar um real do corpo. Vamos trabalhar brevemente os registros do Real, do Simbólico e do Imaginário, especialmente para não introduzir noções gratuitas que tornem ainda mais denso um texto já complexo. Mas temos que fazer referência a um real do corpo, dizendo se real do corpo são as necessidades biológicas ou não. Isso não quer dizer que seja independente. Carecemos agora da noção do significante, e a maneira como o significante vai se "introduzir" na necessidade vai marcar a necessidade, como veremos adiante.

Dizíamos que Lacan abre o texto articulando os três pontos amarrados pelo complexo de castração. No terceiro ponto, considerando que não estamos falando de uma situação evolutiva, a regulação do desenvolvimento dada pelo complexo de castração não diz respeito somente ao *partenaire* sexual, mas também "[...] a acolher com justeza as [necessidades] da criança daí procriada"[18]. Isso quer dizer que não é possível responder a uma criança, enquanto paternidade e maternidade, sem passar pelo complexo de castração como nó. Contudo, está muito longe disso dizer que a mulher tem

---

[18] Idem, ibidem.

algum tipo de instinto maternal que estaria em sua própria essência. Se não acontecer esse desvio pelo complexo de castração, não há condições para a maternidade. Esse não é um destino biológico, natural e desejável para toda mulher, não é próprio da mulher, apesar de estar inscrita em seu corpo a possibilidade reprodutiva. Podemos, então, desenvolver essa teoria neurótica que diz que o destino da mulher é ser mãe se consegue assumir seu corpo. Lacan vai responder que isso não tem nada a ver com o corpo, mas com a maneira como se instala um posicionamento inconsciente a respeito do tipo ideal de seu sexo, ou seja, como o nó vai dar lugar à paternidade e à maternidade.

Voltamos a colocar o complexo de castração que, por si só, está indicando uma privação. Então, o nó fundamental para a sexualidade humana relaciona-se com a privação. A maneira como um sujeito consegue sexualizar-se, nesse momento do ensino de Lacan, é pela via de uma privação. Isso, evidentemente, ele chama de aporia, paradoxo, antinomia – é muito contraditório! Como uma pessoa obtém alguma coisa com a condição de uma perda? Por que Freud assinalou de maneira tão especial em *O mal-estar na cultura*[19] que há um desarranjo na sexualidade, um desmanche da sexualidade que lhe é essencial e não contingente?

A questão do Édipo também mostra isso. Lacan começou esse texto com o complexo de castração e não com o famoso complexo de Édipo como nó das neuroses. Sem dúvida, isso é decisivo para marcar a diferença entre uma clínica lacaniana e uma clínica freudiana:

Complexo – Castração
Mito – Édipo

O que quer dizer mito? Não é, como se diz ingenuamente, quase sinônimo de mentira – ah, é um mito! –, com desprezo. Aqui mito tem a ver com uma estruturação, com uma história, especialmente como mito das origens, que procura retroativamente dar conta de uma fabulação de característica mitológica. Finalmente, mito tem a ver com a maneira de

[19] FREUD, S. *O mal-estar na civilização*. In: *Op. cit*, vol. XXI, p. 81.

uma criança se posicionar diante do que fazem para ela aqueles que ocupam o lugar de pais. Daí vêm as histórias que escutamos constantemente nas análises, a respeito de "meu pai não me deu o suficiente", "minha mãe está muito acima de mim", "assim não é possível, com os pais que tive"... Se podemos dar a isso o estatuto de mito, um mito defende o sujeito da castração. O vazio que está pensado como buraco da castração fica, de alguma maneira, preenchido pelo Édipo. As "clarezas edipianas", que em alguns analisantes são tão evidentes, chamam a atenção. Então, como psicanalistas, podemos fazer a pergunta: se isso está tão claro, o que fica obscurecido? Falando disso com tanta propriedade, com tantos dados, do que os analisantes estão falando? Acompanhando essa maneira de Lacan apresentar a questão, isso quer dizer que ele está invertendo os termos freudianos. Para Freud, saímos do Édipo pela castração, pela ameaça de castração. Para Lacan, o Édipo é uma construção mítica por meio da qual conseguimos nos defender da castração. A respeito dessas histórias edipianas, uma grande tarefa do analista é procurar desfazê-las; não outorgar mais sentidos, mais *Sinn*, à maneira de Frege; não engordar o mito com mais sentido, mas procurar desmanchar todas essas histórias. Desse modo, há possibilidade de aparecer o que Lacan chama nesses Seminários, especialmente em *As formações do inconsciente*, de "a dor de existir"[20]. Em muitas ocasiões, pelas fábulas, pelos mitos edipianos, conseguimos aliviar a dor de existir. Isso não tem remédio, é o que temos que viver. Por isso, a felicidade é outra grande construção. Não se trata de felicidade, mas, como diz Freud, o que conseguimos através da análise é "passar da miséria neurótica à infelicidade comum"[21]. Essa não é uma frase qualquer, "da miséria neurótica à infelicidade comum". Primeiro, porque o neurótico acredita que é não-comum, evidentemente no sentido de que é especial, como nos evidencia a tradicional queixa do neurótico: "Por que teve que acontecer isso comigo?". Essa queixa remete diretamente à questão edipiana. A infelicidade comum quer dizer o seguinte: o que acontece com a minha vida não é tão ruim, não é muito pior que o que acontece com muitos outros. Muitos têm uma vida

---

[20] LACAN, J. *Seminário 5: As formações do inconsciente*. Rio de Janeiro: Jorge Zahar, 1999, pp. 350-51.

[21] FREUD, S. "A psicoterapia da histeria". In: *Op. cit*, vol. II, p. 363.

pior, muitos têm uma vida melhor, sem dúvida, mas essa reclamação narcísico-neurótica de acreditar que aconteceu com ele o pior é um ponto a se desmanchar na análise. Daí essa diferença entre o Édipo, como mito, e a castração. A castração não tem, nem constrói história: as histórias são próprias das defesas contra a castração.

Além disso, cabe dizer que a castração é uma privação, é necessária e insubstituível, não é uma punição. Em Freud a ameaça de castração é uma punição. Aparentemente, a criança deixa o Édipo por ficar apavorada ante a ameaça.

Lacan diz inversamente, insisto, que a castração é necessária. Mas agora dizemos "necessária" de acordo com o sentido que esse vocábulo tem na lógica e não de acordo com o que é próprio da biologia. Lacan faz uma referência à questão do incesto e, veladamente, tudo que se segue nesse parágrafo é uma crítica a Freud. Trata-se de uma crítica incisiva de Lacan a Freud, que remete também a outro texto fundamental, "Análise terminável e interminável". É onde Freud, no final de sua vida, introduz a questão da rocha viva da castração[22]. Esta, aparentemente, marcaria os limites das análises. Assim, o limite para a análise do homem seria o ponto até onde suporta que um outro o coloque "numa situação de passividade". Teríamos de ir além desse ponto, sob pena de perdermos exatamente o que Lacan chama de o posicionamento como identificação ao tipo ideal de seu sexo, na qual uma falha poderia ter o valor de "deixar de ser homem". Freud chama isso de complexo homossexual, que não tem nada a ver com o fato de ser homossexual, evidentemente. Esse é o ponto de irritabilidade, de insuportabilidade para um homem, de ir além de certo nível na sua análise, enquanto que, para a mulher, aparece a famosa inveja do pênis, *penisneid*. Para a mulher, qual o nível de suportabilidade da potência demonstrada pelo pênis? Qual é o limite da sua inveja que permite o prosseguimento da análise, sem procurar inviabilizá-la? Tomando isso pelo modo como usualmente é dito, temos: "aqui não recebo coisa nenhuma, não tenho coisa alguma que agradecer, tudo isso foi um fracasso!". Efetivamente, a queixa

[22] FREUD, S. "Análise terminável e interminável". In: *Op. cit.*, vol. XXIII, p. 247.

sistemática da mulher, no sentido de não haver recebido algo de seu analista, é remetida por Freud à circunstância de não ter-lhe outorgado o pênis.

A rocha viva da castração tem um relacionamento estreito com o que só vou mencionar, que Freud denomina de Reação Terapêutica Negativa (RTN). Acontece o que se poderia chamar de uma piora, isso é, retornam os sintomas do início, ou piora o estado geral do analisante. O fato é que isso sucede quando até esse momento havia ocorrido uma melhora franca e sustentada. Assim, o sucesso de uma análise se transforma repentinamente em um aparente fracasso. Para proporcionar a explicação dessa circunstância, Freud a articula com a pulsão de morte e sua concomitante procura de castigo, enquanto "necessário" (necessidade de castigo).

Para Lacan, sua clínica tem decisivamente que procurar ir além da rocha viva da castração. Esse não é um limite para a análise; é um erro, uma limitação de Freud. No *Seminário 10*, assinala que temos de ir além do limite dado por Freud. A respeito da sexualidade, Lacan insiste, também, que há um limite que gostaria de chamar de lógica fálica, que aparece quando introduz a noção de falo. O termo lógica me foi sugerido, por assim dizer, quando Lacan sublinha que o falo é uma premissa universal. Essa é uma advertência concernente a uma maneira lógica de pensar dos silogismos. Trata-se de uma afirmação, uma proposição que se refere a um conjunto cheio, pleno; por exemplo: todos os homens, todas as mulheres. Esse conjunto é uma premissa universal, seguido das conclusões que se desprendem da mesma.

Bem, o falo é uma premissa universal, portanto desligado das anatomias em jogo. É uma construção não-mítica, não é história. Muitas vezes temos que dizer que o falo não é isso, não é aquilo; também não é um lugar do corpo. Não é uma inscrição mental de uma coisa corporal. Estou dizendo isso porque um dos adversários dessa concepção de Lacan é Melanie Klein. Para ela, nesse sentido, não freudiana, ter uma vagina é ter uma representação mental de que essa vagina é o que é e, além disso, que há um órgão que pode entrar nesse lugar. Como lembra Hanna Segal, para Melanie Klein a fantasia inconsciente é a expressão mental dos instintos; é uma marcação biológica, naturalista, ligada estritamente à anatomia de cada sexo. Para ela, portanto, não é necessário que se instale uma posição inconsciente. Isso deriva diretamente do fato de termos um corpo determinado, que teria naturalmente, como efeito, a fantasia inconsciente. Essa é a metapsicologia kleiniana e aí não há lógica fálica, no sentido da premissa universal. Sobre essa concepção, salientamos especialmente como Ernest Jones sustenta sua postura a respeito da divisão dos sexos: para ele, Deus os criou como homem e como mulher, segundo a Bíblia sustenta.

A lógica fálica divide os sujeitos em dois sexos, é bijetiva[23], à maneira dos lógicos, dos valores, dos termos, sem considerar um terceiro sexo, como muitos gostariam. Podemos dizer que a lógica bijetiva é a mais indicada para a psicanálise ou procuraríamos alguma outra lógica além dessa? Estamos aplicando a lógica bijetiva ou a bivalência? – dois termos, por exemplo, fálico/castrado. Temos aí uma questão: por que o liame entre fálico e castrado, entre falo e complexo de castração? Porque a lógica fálica, enquanto construção mental, parte de uma premissa, premissa universal do falo.

Vamos supor que uma criança comece a fazer uma confrontação entre essa construção mental e o seu corpo. Aí vem o que Lacan vai qualificar como algo espinhoso, especialmente para a mulher, a partir dessa premissa: "[...] fatos clínicos [...] demonstram uma relação do sujeito com o falo" – primeira vez que aparece o termo no texto – "que se estabelece desconsiderando a diferença anatômica entre os sexos" – esse é o título do texto de Freud – "e que, por essa razão, é de interpretação especialmente espinhosa na mulher e em relação à mulher, nomeadamente nos quatro tópicos seguintes: [...]"[24].

Lacan começa ordenadamente, nesses quatro tópicos, a fazer um pivô entre o falo e a castração. Todos esses pontos são questões; assim, a primeira diz: "porque a própria menina se considera, nem que seja por um momento, castrada, enquanto esse termo quer dizer: privada de falo [...]". O falo, nesse sentido, sempre tem um fundo possível de ausência, e aí está o que marca o nome "complexo de castração" e o liame indissolúvel de um ao

---

[23] Diz-se da relação, ou da correspondência, entre dois conjuntos em que cada elemento do primeiro conjunto corresponde a apenas um elemento do segundo, e vice-versa. In: *DICIONÁRIO Aurélio Eletrônico*. Século XXI. Versão 3.0. Lexikon Informática. Novembro de 1999.

[24] LACAN, J. "A significação do falo". *Op. cit.*, p. 693. As citações a seguir referem-se a essa mesma página do texto.

outro. A premissa universal quer dizer: que tem de existir em todos. Mas há alguns em que não; aí está o problema. O interessante é isso: a menina se considera, ainda que seja por um momento, como castrada, enquanto esse termo quer dizer privada de falo. Mais uma vez, para que isso fique claro: a mulher não tem ausência de coisa nenhuma. Não é que a mulher seja castrada, como alguns acreditam – especialmente, alguns grupos feministas – que foi a demonstração de Freud e que por isso a mulher seja inferior. A mulher não é castrada. Isso está dito a partir da premissa universal, pois parte justamente da premissa universal, pelas diferenças anatômicas, a idéia de que é castrada. Porém no Real (do corpo da mulher) não falta coisa nenhuma. Isso é o ponto fundamental. Portanto, não é que seja castrada, e sim que *acredita* que é castrada, a partir da premissa universal do falo, não conotando um juízo desvalorizador, nem que "um tenha e outro não tenha".

Prosseguindo, temos: "[...] [é castrada] pela operação de alguém, que primeiro é sua mãe, ponto importante, e em seguida seu pai [...]". Lacan reconhece aí "[...] uma transferência, no sentido analítico do termo [...]". Essa passagem da mãe para o pai foi muito trabalhada e creio que é uma homenagem implícita a Melanie Klein. Também foi dito por Freud, mas quem mais trabalhou isso foi Melanie Klein. Estou dizendo especialmente que muitas das acusações feitas ao pai, nas histórias edípicas, verdadeiramente são para a mãe; é um deslocamento ou transferência num sentido analítico; ao se acusar um, acusa-se outro, supostamente, sem sabê-lo. Trata-se das habituais acusações das coisas de que o sujeito foi privado, das coisas não recebidas dos pais. A acusação da menina é para a mãe, que a privou de uma coisa que tinha, como se fosse então especialmente uma questão de liame com o passado. Quando Freud diz que a ameaça de castração é um temor, é um temor pelo futuro, pelo que poderia vir a acontecer; por outro lado, para a menina, é mais uma questão do passado. É um ponto para levar em consideração a relação de cada um com os tempos: esse liame privilegiado da mulher com o que aconteceu e com o registro "histórico" e do homem com o que ainda poderia acontecer. Quiçá seja mais angustiante essa referência ao futuro.

Podemos articular a isso o que Freud diz nos textos sobre a sexualidade feminina: os segundos casamentos são melhores que os primeiros. Muitas vezes, no primeiro, a mulher procura "resolver" a questão com a mãe, havendo então muitas brigas, reclamações e cobranças contra o marido, tratando-se efetivamente de uma transferência do que é correspondente a sua mãe. Cobrar, brigar, divorciar-se e ir para um segundo casamento em que apareça o pai na pessoa de seu segundo marido pode eventualmente ser muito melhor, uma vez que foram feitos os arranjos e quitadas as contas com a mãe.

A clínica mostra a dificuldade de a mulher separar-se de sua mãe, as reclamações e os liames passionais constantes, o que é diferente do que acontece com o homem. Se acreditamos no mito edípico, aqui há algo que não se encaixa: o ponto de vista freudiano a respeito do Édipo. Quem fica muito mais próxima da mãe, praticamente a vida inteira, é a mulher. Aparecem cobranças e lutas a respeito do que acontece com a criança que essa mulher pode acolher ou não, à maneira de "eu vou fazer o que quero", "o filho é meu e não teu", "agora as coisas são distintas", e começam as cobranças do que aconteceu com ela em relação à sua mãe. Poderíamos resumir isso, dizendo que se trata da acusação de que a menina foi privada do falo. São substituições e significações que a ausência do falo gera para todas as outras coisas. Essas outras coisas são o que Lacan vai chamar aqui, com um termo novo, o "significável". O campo do significável vai ligar-se decisivamente com a questão do falo.

Retornemos brevemente a nosso ponto de partida. Consignemos, então, que Lacan reconhece que isso não foi invenção sua, o que se chama em latim "declinação", o genitivo, que indica propriedade. A significação é própria do falo – significação do falo. Isso quer dizer que é o que o falo significa? Ou é a significação que o falo outorga a outras coisas? Que quer dizer a significação do falo? Aí está a divisória entre o genitivo, chamado subjetivo ou objetivo. Dizer a significação do falo, é transitivo, transita para, por exemplo, outorgar significação a uma série de coisas, como substituto do falo? Ou é a significação do falo em si mesmo, a sua importância, referência ao que o falo quer dizer?

Perguntemos, de novo, o seguinte: que quer dizer o título então? Na minha leitura, são as duas coisas, na verdade três. É a importância do falo como referência, sua "significatividade", e também o falo enquanto doa, enquanto outorga significações. Finalmente, estabelece que toda significação vai ser fálica. Além disso, podemos dizer que significação do falo é uma redundância. Se estamos dizendo "falo", dizemos "significação", se dizemos significação, dizemos "falo". É o falo que dá essa possibilidade de significar outras coisas, as quais caem no campo do conjunto do significável. Esse é o ponto mais estranho quanto à legitimidade: por que o falo? Por que ele tem essa propriedade tão condensadora, tão decisiva, tão marcante para a estruturação subjetiva? Por que o falo e não outra coisa?

Intentemos responder a essa pergunta através de um testemunho verificável em nossa clínica. Com efeito, muitas vezes os neuróticos querem separar o falo do ideal. Querem funcionar em função de um ideal, não importa o que seja, supondo que seja puro, limpo, maravilhoso, que não tenha nada a ver com o falo, não tenha nada sexual, que esteja noutro nível. Isso dá a entender um desvio da crítica tradicional contra Freud. Qual é a critica tradicional, bastante elementar? – dizer que, para Freud, tudo é sexo. Sem dúvida, diz Freud, se assim fosse, qual seria a força que iria se contrapor ao sexo? – imbecilidade! Está bem, mas o núcleo de verdade dessa crítica é outra coisa: tal como havíamos mencionado anteriormente, tudo é sexualizável, mas não *a priori*. O significável, nesse sentido, pela via do falo, tem a possibilidade de sexualizar-se. Isso não quer dizer que tudo seja sexo, mas, sim, que não há uma predefinição a respeito do campo do conjunto do sexualizável para cada um de nós. Diz-se usualmente, no jargão psicanalítico, que um sujeito faliciza isso ou aquilo. Nesse sentido, o que quer dizer faliciza? – outorga significatividade, significa muito, "é" alguma coisa fálica para ele e tem uma referência, e nós podemos indicar o que é o falicizável. Assim, o que se procura resulta sempre determinado pelo que não se tem; por isso, o falo é o significante da falta, constituindo-se em um significante "zero". Podemos dizer, é "ali" onde começa a série.

Portanto, esse falo tem condições de gerar fetichizações em nossa vida, não só os fetiches dos fetichistas, mas inclusive no sentido trabalhado por Marx, que Lacan não deixa de lembrar remetendo-se a *O capital*. Em seu texto, Marx apresenta o fetichismo da mercadoria. Aí temos a marcar um liame muito interessante entre o mundo capitalista do mercantilismo, regido – aparentemente – somente pelas leis da oferta e da demanda, e a "presença" dessa falicização das, e nas mercadorias.

A segunda pergunta é: "[...] por que em ambos os sexos a mãe, mais primordialmente, é considerada como provida do falo, como mãe fálica". É a premissa universal, evidentemente. A menina tem que dizer que ela teve – ou que não vai ter – porque foi privada, ou que vai ter quando for grande; pode aceitar essas variações e outras similares, mas a mãe tem, inexoravelmente. Aqui podemos remeter a algumas das maneiras ingênuas da educação sexual, de dizer a verdade, de expor as coisas como são para que as crianças não tenham trauma, dar-lhes uma educação psicanalítica, etc. Provas disso encontramos, por exemplo, quando se procura dizer a verdade anatômica: "Sabes que tua mãe não tem falo! – Sim, eu sei isso, mas o falo da mamãe onde está?", responde a menina. Segue assim, numa renegação. Seria buscar pela força uma aceitação/rejeição do que são posicionamentos inconscientes. Parece ingênuo o exemplo, mas, além disso, é verdadeiro. O fato é que isso não vai se esburacar pela via da verdade, da ingenuidade psico-higiênica da educação sexual, ou de alguma coisa pelo lado da boa ilustração. A questão não é essa.

Terceira pergunta: "[...] por que, correlativamente, a significação da castração não se serve do fato (clinicamente manifesto) que lhe dá seu alcance eficiente quanto à formação de sintomas, senão a partir de sua descoberta como castração da mãe" – Primeiro era a mãe enquanto fálica, depois se trata da castração da mãe. Isso pode ser dito de outro modo: como a castração cai sobre cada um de nós a partir da castração do Outro primordial, isso é, da castração da mãe? Mais ainda, se a castração da mãe tem lugar e ela também foi privada por um outro, ela "perdeu" algo no caminho. Como foi isso? – aí está a abertura para a aparição do pai, que permite efetivamente castrar a mãe do seu falo, isso é, houve um processo metafórico, baseado – como sempre – em uma metonímia. Lembremos que, para Lacan, podem ser produzidos sintomas, como produto do deslizamento do lugar da mãe para o lugar do pai. Isso não é simplesmente um momento evolutivo, mas um momento de estruturação subjetiva. A mãe é privada de sua condição fálica pelo pai. Isso é estritamente Freud, que diz, por exemplo, sobre o posicionamento subjetivo do fetichista: a mãe tem pênis/a mãe foi privada dele pelo pai. As duas correntes paralelas vão ser mantidas – em que pese a flagrante contradição vigente entre elas –, e isso é uma renegação, que se co-implica com uma divisão do ego. Essas duas coisas são as que dão lugar ao mencionado posicionamento do fetichista.

Aqui, lendo com atenção, aparece uma interessante articulação de Lacan: a "significação da castração" que, em minha leitura, é quase um correlato do título "a significação do falo". Interessante colocá-las em correlação, ou seja, o momento estrutural que podemos indicar clinicamente quando aí opera a significação da castração.

Reiteremos: "[...] por que, correlativamente, a significação da castração não se serve do fato (clinicamente manifesto) que lhe dá seu alcance eficiente quanto à formação de sintomas senão a partir de sua descoberta como castração da mãe [...]". Essa é uma construção do analista, na medida em que tem uma incidência, uma eficiência clínica. A significação da castração tem eficiência clínica, enquanto fundação dos sintomas, a partir do descobrimento da castração da mãe; esse é o momento que nós podemos chamar de traumático. Temos aí que articular, uma vez mais, a teoria traumática, muito contestada, aquela que os historiadores da psicanálise afirmam que Freud teria abandonado devido a sua condição – presumidamente – errônea. Sem embargo, temos, além da justeza, ou não, da teoria traumática, um momento, uma situação traumática que podemos localizar: o descobrimento da significação da castração da mãe. E isso dá lugar à possibilidade de fazer sintomas. Vejam o conjunto complexo: se há significação da castração, há operatividade do pai. O pai é o privador da mãe. Aí está a possibilidade de fazer sintomas.

São três problemas até agora, os quais enumeramos sucintamente:

1. A menina se considera castrada, enquanto isso quer dizer privada do falo;
2. Nos dois sexos a mãe é provida de falo – mãe fálica;
3. Depois, a mãe é privada também, aparece a significação da castração e temos a possibilidade clínica de localizar os sintomas. Temos assim o dado eficiente, que é um sintoma, que é uma metáfora; e, se é uma metáfora, quer dizer ação do pai, metáfora paterna.

As três questões culminam na questão da "razão". Como dizíamos ao início, acompanhando as primeiras linhas do texto: "[...][o falo] dá a esse primeiro papel sua *ratio* [...]". Agora Lacan volta a introduzir a questão da razão, isto é: medida, regulação do desenvolvimento, proporção, motivo do desenvolvimento da fase fálica. Lembremos como Freud tinha dividido a sexualidade no ponto que nos compete (ou seja: organizando, de maneira convencionalmente metodológica, em "fases prévias"): fase fálica, latência e depois viria a pressuposta genitalidade. Essa grande descoberta, a da fase fálica, é de Freud; isso não é Lacan.

No que Lacan apresentou até agora, marcando os obstáculos epistemológicos, vai elaborando sua crítica, especialmente com o que vem a seguir, que ele chama as posições dos "mais eminentes", dos que procuraram contestar Freud. Falamos de Melanie Klein, de Ernest Jones, de Karen Horney, e também de Helene Deutsch, todos que, à diferença de Freud e contra Freud, acreditaram que a fase fálica é um sintoma; quer dizer, é uma anomalia, um desvio, um acontecer próprio de uma formação neurótica. Para Freud, ao contrário, é um fato que inevitavelmente acontece, como necessariedade (lógica, e não biológica, sem dúvida). Assim, se é um sintoma, temos que supor que há um recalque e um retorno do recalcado. Aquilo que voltaria, como retorno do recalcado, seria a fase fálica, sempre concebida, de acordo com esses autores, como aquilo que implica a sinalização de uma patologia.

Bem, poderíamos supor que essa hipotética patologia seria solucionável, quando não evitável, mediante uma correta educação sexual. A respeito, Lacan ironiza mediante um giro algo enigmático, introduzindo em sua exposição uma referência mitológica. Com efeito, ele o faz ao falar da ignorância, como se a ignorância pudesse ser resolvida por uma informação sexual adequada, a qual daria conta, por exemplo, da existência da vagina, evitando assim a referida "patologia" da fase fálica. Então diz: "Não estaria ela apenas de acordo com a fábula em que Longo nos mostra a iniciação de Dafne e Cloé subordinada aos esclarecimentos de uma mulher com experiência?"[25]. Assim, em lugar de "uma mulher com experiência", a antiga tradução desse Escrito, a cargo da Editora Perspectiva, dizia "velha mulher"; a mais atual, realizada por Zahar, diz "velha senhora". Pois bem, ambas as traduções se equivocam gravemente nesse ponto. Vejamos por quê.

Longo, em uma data que podemos situar entre os séculos II e III depois de Cristo, conta a fábula de Dafne e Cloé. Ele se refere a essa suposta

---

[25] LACAN, J. "A significação do falo". *Op. cit.*, pp. 693-4, tradução modificada.

"velha" que se chama Lycaenon. Isso que estou dizendo não é uma descoberta inusitada, pois está nos livros de mitologia, mas parece que os tradutores não quiseram ir aos textos mitológicos para noticiar a referência de Lacan – dado que, evidentemente, não a conhecem – e traduzir, então, sabendo do que fala sua tradução. Enfim, na mitologia encontramos o seguinte: Lycaenon é jovem, bonita e, concorde com os cânones dos camponeses, muito elegante, ou, diríamos, *fashion*. Seduz Dafne, prometendo que lhe vai ensinar o que quer dizer preparo. Por que isso? – porque Dafne e Cloé estavam se beijando, se abraçando e não tinham nem idéia do que poderiam fazer um com o outro, em termos estritamente do coito. Lacan, então, refere-se a Lycaenon como *une vieille femme* e, evidentemente, uma tradução possível, literal, irreflexiva, e ignorante, seria "uma velha mulher". Mas justamente aí está o erro, pois ele quer dizer uma mulher experimentada, mulher que tem muita experiência. Não é velha em idade, é que conhece exatamente do que se trata, uma *expert* em questões do sexo e, ademais, uma iniciadora. Isso é o que Lacan quer dizer; senão, não se entenderia por que Longo aludiria a "uma velha senhora", pois ela seduz, esse é o fato. Lycaenon, a suposta "velha", tem relações com Dafne para que ele consiga depois ter relações com Cloé. Dito de outra forma, é uma transmissão em ato; não é um ensino verbal de um conhecimento abstrato. É um saber a respeito do gozo, uma "pedagogia erótica", e não é unicamente uma informação "sapiente" do que se trata.

Lacan critica a questão de supor que o saber sexual, assim como o ato, tem a ver com o conhecimento. O saber sexual é um saber não-sabido, que, assim, faz parte de nosso domínio, o do inconsciente. Essa suposição é um grande erro e esse é o ponto diferencial absoluto entre a psicanálise e as prevenções psico-higienistas e a difusão dos conhecimentos, que acreditam que essa difusão possa determinar o que são posicionamentos subjetivos "corretos". O saber sexual não tem equivalência com o que Lacan chama de saber referencial, isso é, o saber acerca do referente. Mais uma vez *Bedeutung*, porque no nosso campo trabalhamos com o saber textual, com o inconsciente como texto, que é outro saber: um saber que não se sabe, e que se desprende como um texto. Um saber, então, sulcado por letras. Por conseqüência, não podemos dizer simplesmente o saber. Não se trata de a menina saber ou não saber da vagina, se esse saber é equivocado e poderia, eventualmente, ser substituído por um saber adequado. Não temos essa alternativa. Não há essa psico-higiene mais que como um desvario absurdo, aberrante e inútil. Lacan subscreve, por fim, a mostração freudiana: não há inscrição da vagina.

A crítica mais importante, entretanto, é contra Ernest Jones, pois Lacan destinou um texto para se contrapor à teoria de Jones do simbolismo universal, da simbólica, como construção, que dá lugar ao dicionário, às equivalências. Na Argentina, num determinado momento – entre os anos 50 e 60 –, foi muito difundido fazer dicionários de símbolos psicanalíticos. Jones trabalhou muito nessa linha dos símbolos fixos, que vêm por herança e que são, nesse sentido, universais.

Então, seu interlocutor fundamental é Jones, por toda a defesa deste em relação a Melanie Klein. Foi ele quem levou Melanie Klein para a Inglaterra, sustentou-a contra Anna Freud e terminou sendo efetivamente um kleiniano. Embora sem tê-lo dito assim, é muito claro por seus posicionamentos que Jones era kleiniano. Fazendo uma comparação entre as formulações de Jones e as de Melanie Klein, não temos dúvida de que a grande psicanalista é Melanie Klein. Sabemos que Lacan faz homenagens distintas a ela, mas não com referência a esse ponto. Freud já a tinha criticado, exatamente pela questão do deslocamento do Édipo para os meses iniciais da vida da criança. Mas, a meu modo de ver, existe outro artigo paradigmático de Melanie Klein muito contestável, que se chama "Sobre a observação do comportamento dos bebês"[26]. Nesse trabalho quase tudo está dito a partir do programa anunciado pelo título; efetivamente, este mostra como ela está encarando uma tarefa de afastamento da psicanálise, em função de sustentar-se nos dados da epistemologia da "olhada" e não da "escuta". Por essas críticas, vê-se com muita clareza como Lacan trabalha em seu retorno a Freud. Essa foi sua divisa, seu apotegma emblemático. Se, nesse texto que estamos expondo, ele também marca que se tem necessidade de um retorno, é porque aconteceu um desvio – senão por que o retorno a Freud?

---

[26] KLEIN, M. et alii. "Sobre a observação do comportamento dos bebês". In: *Os progressos da psicanálise.* Rio de Janeiro: Guanabara, 1986, p. 256.

Um desvio, por exemplo, diz respeito a um tema fundamental da psicanálise: o fantasma, que surge especialmente no texto de Lacan quando fala de Melanie Klein e de sua concepção do falo como objeto parcial e interno situado no corpo da mãe. Detenhamo-nos brevemente, antes de entrar na elucidação referida, em investigar como foi vertida a noção de fantasma em nossas línguas. Efetivamente, na primeira tradução dos *Écrits* em espanhol, colocaram *fantássimas* em lugar do vocábulo citado. Em português, está também o termo fantasia, mas peço que leiam fantasma, porque não são fantasias[27]. A característica de inconsciente do fantasma não tem nada a ver com as fantasias no sentido da atividade imaginativa, de devaneio. Esse é um grande erro das traduções. O revisor da segunda edição dos *Escritos* em espanhol, nos anos 84/85, corrige em muitas ocasiões *fantássima* – da primeira edição – colocando corretamente *fantasma*, e outras vezes, quando no original francês está *fantasme*, usou *fantássima*. Então, ficou ainda pior, porque marcou que são sinônimos, que se poderia dizer de uma maneira ou de outra. Mas, evidentemente, não é uma questão do léxico, semântica. Efetivamente, trata-se da estruturação da sexualidade em termos do que implica o fantasma, segundo está dito nesse texto maravilhoso de Freud, assim chamado: "Fantasmas histéricos e sua relação com a bissexualidade"[28]. Esse texto deu lugar a um livro inteiro de minha autoria: *Fantasma: ¿fin del análisis?*. Com efeito, reitero, o fantasma não tem nada a ver com a atividade imaginativa, com a fantasia, e tampouco fica resolvido dizendo consciente e inconsciente como, contudo, Melanie Klein procura fazer. Ela procurou diferenciá-lo, efetivamente, do termo inglês *fantasy*, usando a palavra *phantasy*.

É interessante que, se fazemos a translingüisticidade do inglês para o francês, vemos que Melanie Klein, ao escrever *phantasy* para denominar o que ela chamava "fantasia inconsciente", usa as mesmas letras iniciais de *phallus*. E a outra palavra, *fantasy*, era usada para designar a atividade imaginativa consciente, os sonhos diurnos, os devaneios, que todos temos.

---

27 LACAN, J. "A significação do falo". *Op. cit.*, p. 695.

28 FREUD, S. "Fantasias histéricas e sua relação com a bissexualidade". In: *Op. cit.*, vol. IX.

Ainda que pese para a tradução, quando Lacan coloca um termo insistentemente e nunca muda, creio que temos de mantê-lo na tradução: *fantasme*, *fantasma*, porque é isso que está dizendo, que para ele é um axioma do desejo inconsciente, e não imaginação. Mais uma vez: do ponto de vista lógico, um axioma não se demonstra, é óbvio. E, para um sujeito, é óbvio que sua estruturação sexual tem a ver com um axioma, uma frase. É isso, por exemplo, o que acontece em "Uma criança é espancada". A maneira como um sujeito convoca essa frase, se masturba com ela, aparentemente não tem nada a ver com o sexo, e essa é, para ele, axiomaticamente sua sexualidade, sua maneira de alcançar o gozo. Isso, como vêem, não está ligado com a fantasia cumpridora dos anelos manifestos e imaginários. Aqui ele também está criticando Melanie Klein, e diz que Jones não se separa dela, no que se refere à remissão "desses fantasmas à recorrência até os limites da primeira infância, da formação edipiana"[29].

Podemos assinalar que, quando Lacan apresenta a questão do bebê como falo, articulado ao desejo da mãe, ele o faz em termos da castração e não de um Édipo precoce. Devemos lembrar que isso, por outra parte, não é Lacan e sim Freud. Nos textos "Sexualidade feminina"[30], e "Feminilidade"[31] – sobre os quais voltaremos adiante –, Freud apresenta esse ponto denominando-o de fase do pré-Édipo. Há também o texto "As transformações da pulsão exemplificadas no erotismo anal"[32], em que aparece a famosa equação pênis-criança-fezes-presente-dinheiro. Nessa equação, já está introduzida a demonstração genial de Freud sobre o assim – mal – chamado instinto maternal, ou seja, o que a mulher procura é um sucedâneo do falo à maneira de um filho. É infundado esse suposto relacionamento direto com a maternidade, como poderia dizer um kleiniano, uma identificação da mulher com sua mãe. Mais uma vez é uma questão que não é dual: ela com sua mãe e como isso está mediado pela ação do falo, e ainda a posição do pai como doador e privador do falo. Em algumas psicanálises

---

[29] LACAN, J. "A significação do falo". *Op. cit.*, p. 695. Citação ligeiramente modificada.
[30] FREUD, S. "Sexualidade feminina". In: *Op. cit.*, vol. XXI, p. 259.
[31] FREUD, S. "Feminilidade". Conferência XXXIII. In: *Op. cit.*, vol. XXII, p. 139.
[32] FREUD, S. "As transformações do instinto exemplificadas no erotismo anal". In: *Op. cit.*, vol. XVII, p. 159.

um pouco precárias, quando a mulher está por engravidar, é bastante comum supor que isso tem a ver somente com o que acontece com a mãe, não estando, portanto, relacionado com a procura substitutiva do falo por parte dessa mulher. Seria, numa leitura dual, imaginária, como se identificar com o que vai ser: se vai ser mãe, vai ser mãe como a mãe, uma espécie de tautologia especular, que tem a ver com o fato de todo o relacionamento com o falo estar omitido. Na nossa perspectiva, a do falo, isso é castração, não é Édipo, tampouco pré-Édipo. Temos então os aspectos fundamentais de Freud, encontrados nos três textos mencionados. Ao cruzarmos esses três textos, temos o que diz Lacan, a partir de uma leitura muito atenta e sincronizada dos conceitos de Freud, fazendo um liame conceitual de textos isolados, e indo mais além, inclusive, do marcado pelos limites destes últimos.

Após ter introduzido o complexo de castração e as referências à significação da castração e do falo, é o momento de abordarmos as articulações do falo enquanto significante. Até agora vimos o falo como uma "necessidade lógica", como premissa universal, o que é uma descoberta fundamental da psicanálise. Contudo Lacan apresenta uma questão que se sobrepõe em articulação a essa, a partir da sua concepção do significante, segundo já adiantamos. Esse é o ponto de onde daremos continuidade à leitura do Escrito de Lacan.

II. O falo como significante

Havíamos nos detido no momento em que Lacan questiona a maneira kleiniana de colocar o falo como objeto parcial e interno incorporado na mãe.

Considerar o falo como objeto é, para Lacan, o que gera os desvios, e ele está procurando fazer outra aposta, uma aposta que tem a possibilidade de se ganhar ou não. Essa aposta, como diz o texto, tem a ver com um comentário da obra de Freud, que prosseguia já há sete anos. Considerando que o ano desse texto é 1958[33], isso quer dizer que o comentário da obra de

---

[33] LACAN, J. "A significação do falo". *Op. cit.*, p. 692.

Freud começou no ano de 1951. Significa, portanto, que é anterior ao primeiro Seminário, que aconteceu nos anos 53/54, cujo título é *Os escritos técnicos de Freud*[34], ou seja, iniciou-se com os famosos grupos de estudo realizados por Lacan em seu consultório a respeito do "Homem dos Lobos" e do "Homem dos Ratos", do que não temos testemunho maior, mas foi assim que começou. É assim que nos remontamos, como dizíamos, a 1951, sendo interessante a maneira como ele caracteriza sua tarefa até esse momento, dizendo que é um "comentário" da obra de Freud. Não está dizendo que eram Seminários. Poderíamos dizer que é um Seminário do comentário de Freud, mas, evidentemente, ele ainda não avançou com seus próprios significantes, com os termos propriamente lacanianos. No texto que ora analisamos, podemos localizar termos cuja recolocação estabelece uma fundamental diferença com Freud: necessidade e desejo.

Basta ler *A interpretação dos sonhos* e vamos encontrar, no capítulo 7, a maneira como Freud fala da vivência de satisfação e de que forma essa vivência tem a ver com a satisfação da necessidade "biológica", que depois dá lugar ao desejo[35]. É assim que este se encontra relacionado, desde o início, com as marcas da vivência de satisfação. Essa é uma expressão que nos aproxima do binômio necessidade-satisfação, tomando como exemplo o que ocorre com a alimentação da criança. Atendida a alimentação, isso vai dar lugar a uma marca mnêmica e, quando retorna a necessidade, volta a se ativar a marca mnêmica. Para Freud, essa marca mnêmica fica carregada de maneira tal que depois vai dar lugar a uma alucinação perceptual. O truque é que aparentemente essa satisfação virtual se mantém por um tempo, se suporta como satisfação eventual até o momento em que a insatisfação da necessidade torna-se insuportável, porque, evidentemente, como isso não traz a alimentação, a tensão própria da necessidade impulsiona para conseguir o alimento efetivo. O movimento de procura dessa marca mnêmica é o desejo em Freud, ou seja, reativação das marcas iniciais que procuram substituir o objeto, o objeto da realidade, nesse caso, o seio da

[34] LACAN, J. *Seminário 1: Os escritos técnicos de Freud.* Rio de Janeiro: Jorge Zahar, 1986.

[35] FREUD, S. *A interpretação de sonhos*. Obras Completas. ESB. Rio de janeiro: Imago, 1969, p. 602.

alimentação. Esses são dois termos freudianos clássicos iniciais para dar conta da dinâmica responsável pelo engendramento do desejo: necessidade e a busca de sua satisfação.

Quanto ao desejo, há outra maneira de dizer o que acontece, que é o cumprimento do desejo. O investimento dessa marca mnêmica, ao se dar plenamente, passa do limiar de excitação e já não fica como marca mnêmica, pois se faz percepção. O alvo do desejo seria obter uma percepção grata, uma situação agradável que seria a reprodução das marcas iniciais. Essa vivência de satisfação está traduzida por Strachey como "experiência de satisfação", quando o termo de Freud, temos que respeitar, é *Erlebnis*, que quer dizer exatamente vivência. Num sentido, podemos dizer que o que falta na vivência de satisfação é precisamente a experiência. Falta a experiência porque falta o objeto de carne e osso, o objeto da realidade. Então, "experiência de satisfação", no meu modo de ver, é um erro não só no sentido semântico, mas também porque é fazer da questão um objeto, quando se trata de um *percepto*. Essa é a maneira quase "mítica" – dito não como desqualificação –, porque já sabemos como considerar os mitos com que Freud entende o começo da dinâmica do aparelho psíquico.

Esses são termos que vamos encontrar muitas vezes no texto de Lacan: necessidade e desejo. Mas ele vai introduzir – já não mais como "comentário" da obra de Freud – um termo novo na psicanálise: demanda.

Temos, então, os três termos já referidos – necessidade, demanda, desejo – com os quais ele vai realizar o processamento, enfocando suas derivações. Muitas vezes é difícil seguir linearmente, quando não logicamente, qual deles dá lugar a qual. Em Freud, a necessidade dá lugar ao desejo e essa linha de derivação fica clara. Em geral, nas introduções à obra de Lacan, classicamente, encontramos a seqüência expositiva necessidade, demanda e desejo, escrita muitas vezes assim, sem se pensar muito no que isso quer dizer. Vamos ver se o texto nos permite supor que se trata simplesmente de necessidade, demanda e desejo ou se a questão se apresenta de outra maneira.

Retomando a aposta mencionada acima, e para limitar um pouco a modéstia e humildade de Lacan ao dizer que havia feito até então, durante sete anos, um "comentário" da obra de Freud, esse trabalho, diz ele, o conduziu a alguns resultados e ele começa a apresentá-los: "[...] em primeiro lugar, promover, como necessária a qualquer articulação do fenômeno analítico, a noção de significante [...]"[36]. Quando ele usa o termo necessária (*nécessaire*), fica muito claro em francês, mas isso não acontece na tradução para o português e para o espanhol; nessas línguas não é possível fazer a diferenciação entre essa necessidade que é um critério da lógica da categoria modal chamada necessidade e o termo francês *besoin*, que se refere à necessidade biológica. Temos que diferenciar muito bem quando Lacan está falando de uma e quando está falando de outra, o que já tentamos pormenorizar no item anterior. Lacan várias vezes vai falar de *necessité*. Esse termo, *necessité*, tem então uma caracterização lógica inexorável: o que não pode ser contingente, tomando contingência como o que pode ser assim ou não, enquanto que o necessário é inexorável que seja assim. Aparentemente por seu próprio percurso, foi imprescindível introduzir esse sentido de *necessité*, distinto de *besoin*, ao promover a noção do significante, enquanto isso é decisivo para a articulação do fenômeno analítico.

Nesse ponto, temos que ler linha a linha os termos colocados, em razão da especificidade e do peso próprio que tem cada um deles. Por exemplo, "necessária a qualquer articulação do fenômeno analítico", não diz somente fenômeno analítico, mas articulação do fenômeno analítico. Articulação quer dizer liame, não um fenômeno isolado; mas o liame de uma coisa com outra. Quanto a "fenômeno analítico", é interessante a junção dos termos, aparentemente contraditória. O termo fenômeno levaria a pensar na fenomenologia. No *Seminário 2*, sem embargo, Octave Mannoni faz uma proposta: incentivar a produção de uma fenomenologia psicanalítica[37]. Não é um ecletismo, mas uma maneira de dizer que também precisamos de descrições fenomênicas para conseguir dar mais concreção ao falarmos dos analisantes, daí "fenômeno analítico". Mas Lacan refere-se a fenômeno analítico articulado, e para articular necessitamos significantes, diz ele, senão não há maneira de fazer liame entre uma coisa e outra.

A vivência de satisfação, aparentemente, não tem uma condição articulável; é ela em si mesma; não temos um termo e outro e as maneiras

---

[36] LACAN, J. "A significação do falo". *Op. cit.*, p. 695.

[37] LACAN, J. *Seminário 2: O eu na teoria de Freud e na técnica da psicanálise*. Rio de Janeiro: Jorge Zahar, 1985, p. 105.

como eles se relacionam entre si, em articulação. Se é articulável – aqui temos outro termo da lingüística –, é discreto. Discreto quer dizer divisível. Se isso soa muito abstrato, podemos ver o que acontece com as palavras: cada uma das palavras está em liame com outras palavras, não ficam isoladas. É assim que funciona na estrutura lingüística e cada uma delas é discretizável, isso é, divisível. Vamos supor, essa mesma palavra, "dis/creto", nesse sentido é discreta, divisível e articulável. As duas coisas, divisível e articulável, uma implica a outra: trata-se de uma co-implicação. Evidentemente, se coloco uma divisória, logo posso refazer, virtualmente, o que ficou dividido. Para isso Lacan precisa dizer que lhe é "necessária [...] a noção de significante, como oposta à de significado na análise lingüística moderna"[38].

Vamos escrever significante sobre significado, assim:

$$\frac{Ste}{s}$$

A partir daqui aparece uma noção nova – o *significável* – como terceira categoria. Vamos ver, em primeiro lugar, como Lacan vai fazer um jogo entre essas duas categorias iniciais, o que é cada um desses termos: o significante e o significado. Ele esclarece, antes de dizer do que se trata, que Freud não podia ter conhecimento desses conceitos, posto que apareceram mais tarde, ainda que Freud fosse quase contemporâneo de Ferdinand de Saussure, de quem, evidentemente, é essa proposta que Lacan está extraindo. Freud conhecia outros lingüistas, como o famoso Karl Abel, que ele menciona em *A significação antitética das palavras primitivas*[39], porém Lacan procura salvá-lo, dizendo que ele não tinha como conhecer esses conceitos, mas que, de fato, pode-se dizer que os "antecipou" através de sua obra. Mas a data marca que efetivamente Freud podia ter conhecido as propostas de Saussure. Assim, para Lacan e muitos outros, com Saussure começa a lingüística moderna.

---

[38] Idem, ibidem.

[39] FREUD, S. "A significação antitética das palavras primitivas". In: *Op. cit.*, vol. XI, p. 141.

Então, é muito importante nos determos na sua maneira totalmente inovadora de definir o falo: trata-se de uma junção que Lacan faz, dizendo que "o falo é um significante". Assim também são as complementares definições pelas negatividades: o falo não é objeto (parcial, interno, bom, mau, etc), não é um fantasma e tampouco é o pênis ou clitóris que ele simboliza; o falo é um significante, agora sim, como afirmação.

Vou introduzir provavelmente conceitos e noções muito conhecidas, mas transcendentes a nossos fins, para derivar daqui a questão do significável. Para Saussure, a maneira de quebrar a linha tradicional da lingüística era não entrar no âmbito do estudo que procurava o relacionamento entre um termo e seu referente. Vamos supor, por exemplo, o referente caneta e seu nome, o relacionamento entre a palavra e a coisa, tal como o consideramos no item anterior. A questão é se isso é arbitrário ou não, se a coisa tem alguma relação com o nome, se a palavra serve exatamente para ela ou não. Há arbitrariedade ou não há arbitrariedade? Essas, em geral, eram as propostas tradicionais com que a lingüística procurava estudar as questões entre palavras e coisas, para dizê-lo de acordo com o conhecido livro de Foucault, que se chama precisamente assim: *As palavras e as coisas*[40]. O que Saussure vai introduzir é uma divisória dentro de cada palavra. Saussure consegue isso no que ele chama de signo lingüístico, ao fazer uma diferenciação "interna" em cada um dos termos que compõem uma língua. Então, o referente cai, como problema, não importando o relacionamento com o referente, mas o que acontece dentro de cada signo. Saussure faz a diferenciação entre o significado e o significante. O que quer dizer cada um deles? O significado é o conceito; o significante é a imagem acústica. Cada palavra quer dizer alguma coisa – esse é o ponto que especialmente a semântica estuda dentro da lingüística, ou seja, o significado. Saussure o chama conceito. Além disso, há o som, o som que escutamos de cada palavra, além da sua significação ou significado, os sons que fazemos quando falamos. Esses dois componentes, diferenciados e apresentados como uma unidade fechada em si mesma, vão dar lugar ao que ele chama de signo. "Natureza do signo lingüístico" é o título de um clássico capítulo do *Curso de lingüística*

---

[40] FOUCAULT, M. *As palavras e as coisas*. 4ª ed. São Paulo: Martins Fontes, 1987.

geral[41], que não foi redigido por Saussure, mas por dois alunos seus que assumiram a responsabilidade por isso, a partir das notas das aulas. Saussure apresenta também um fechamento em forma elíptica, abrangendo os dois termos – significado e significante – como se fossem as duas caras da mesma moeda, indissociáveis, indissolúveis – imagem acústica e conceito, uma remetendo à outra, indicado pelas duas flechas laterais. Essa é a teoria do signo saussureano, assim colocada em gráfico:

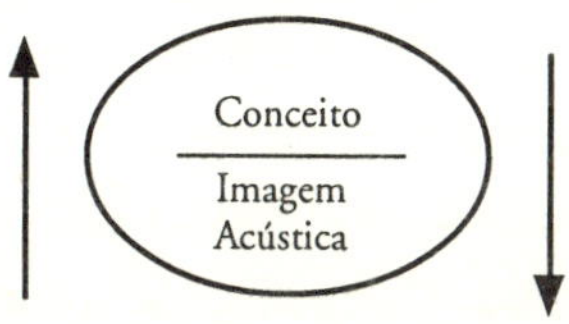

Lacan diz que toma a noção de significante para tudo o que seja articulável do fenômeno psicanalítico, mas o seu significante, a partir de sua escrita, já não tem nada a ver com o significante incluído no signo saussureano: primeiro inverteu os termos; depois, tirou a elipse e também as flechas. Tudo isso se deduz a partir do desenho que voltamos a incluir agora para que fique nítida sua divergência com o desenho proposto por Saussure:

$$\frac{\mathrm{Ste}}{\mathrm{s}}$$

Além disso, a linha que divide significante e significado, que chamamos barra, nós a desenhamos espessa, marcando que não é simples passar de um lado ao outro. Já não está em jogo a questão de duas caras da mesma moeda. A inversão dos termos marca a primazia do significante, quer dizer, por cima do significado. Aqui é literalmente por cima, quanto à hierarquia em jogo, a qual também se sinaliza mediante a letra maiúscula, em contraposição com a minúscula, do significado. Essa linha é espessa porque é a barra do recalque, que separa o significante do significado. Como disse-

[41] SAUSSURE, F. *Curso de lingüística geral.* São Paulo: Cultrix, 1993, pp. 79-84.

mos, essa barra não pode ser simplesmente atravessada. Esse é o significante que interessa a Lacan e que aqui faz a junção com o falo.

Dito de outro modo, trata-se de uma questão da linguagem – articulação, então, que não é aleatória entre o que implica a questão do desejo – onde o falo marca sua presença – e a questão da linguagem. Fundamentalmente, é isso que Lacan vai trabalhar ao final do texto: a maneira de fazer liame entre desejo e linguagem. Estou sublinhando isso porque já não é, então, a questão do investimento mnêmico que se faz percepção – à maneira freudiana, que é mais um jogo com imagens, investimento num traço mnêmico –, que se faz imagem. Estamos em presença da linguagem.

Mas queria ressaltar uma vez mais, como Lacan, no texto, sustenta, "[...], que a descoberta freudiana ganha relevo justamente por ter tido que antecipar suas fórmulas [...]"[42], antecipar as fórmulas saussureanas. Essa é uma petição de princípio, legítima é claro, que Lacan apresenta ao dizer que Freud antecipou sem saber que antecipava. Verdadeiramente, é a leitura de Lacan que retrofunda a obra de Freud, dizendo que este antecipou Saussure, sem conhecer sua obra. Essa é uma trama na história das idéias que acho legítimo colocar para refletir, mas sem dá-la necessariamente por certa de modo inequívoco.

Lacan está falando que Freud descobriu – não sendo assim uma invenção – o que já estava e tinha que ser descoberto: a "oposição" entre significante e significado. Ele diz oposição, mas em Saussure não temos oposição, e sim articulação, e com isso começam as marcas lacanianas: dizer oposição significante/significado é sua idéia. Não podemos deduzir isso da teoria do signo saussureano. Lacan chama, o que parece uma brincadeira, o algoritmo saussureano o que é escrito por ele no texto *Instância da letra no inconsciente ou a razão desde Freud*[43]. Como não é o algoritmo saussureano, por lhe ser distinto, é o que deveríamos denominar como algoritmo lacaniano, mediante o qual ele diz marcar ou escrever a descoberta de Freud, "[...] que confere à oposição entre significante e significado

[42] LACAN, J. "A significação do falo". *Op. cit.*, p. 695.
[43] LACAN, J. "A instância da letra no inconsciente ou a razão desde Freud". In: *Escritos*. Rio de Janeiro: J. Zahar, 1998, p. 502.

o alcance efetivo em que convém entendê-la [...]". E apresenta o que quer dizer essa oposição: "[...] o significante tem uma função ativa na determinação dos efeitos em que o significável aparece como sofrendo sua marca, tornando-se, através dessa paixão, o significado"[44].

É como se fosse um grande conjunto indefinido, chamado "o significável", em que o significante ativamente faz o significado, que aparece como sofrendo a sua marca, convertendo-se assim, por meio dessa paixão, no significado – paixão num sentido de padecimento, ou seja, há algo ativo e há algo passivo. Paixão é suportar a marca. O significante, nessa massa chamada significável, faz aparecer o significado. Então, não há somente oposição significante/significado, mas primazia nítida do significante, que, para conseguir tudo que poderia ter de efeitos de significado, requer essa massa. Nisso reside a atividade, que investe no conjunto do significável; assim, o significável se faz significado. Aí temos os três termos necessários: significante, ativo; significado, as marcas; e o termo que se diz exemplarmente de Cristo, paixão – não tem a ver com uma pessoa que sente paixão, porque é no sentido passivo de padecer. Assim, é ativo o significante, e passivo então, a paixão no significado. Aqui, insisto, estão os três termos em jogo.

Torna-se claro que dizer "paixão do significante" é um equívoco. Deveríamos dizer que a paixão é gerada pelo significante, mas não é do significante. A paixão é do significado, efeito da atividade do significante. O significado a padece: "Essa paixão do significante torna-se então uma nova dimensão da condição humana [...]"[45]. Nesse ponto Lacan começa a ir muito além das questões lingüísticas, apresentando algo distinto: condição humana, em minha leitura, é um termo sartreano. Habitualmente Jean-Paul Sartre diz, não o homem, não o sujeito, mas "a condição humana". Isso é indefinível, tendo que acontecer alguma coisa para que advenha depois disso a humanidade de cada um, não como categoria geral. A condição humana vai ser conduzida a uma situação nova pelo fato de falar, esse é o ponto decisivo. A respeito, cabe articular o neologismo inventado por Lacan

---

[44] LACAN, J. "A significação do falo". *Op. cit.*, p. 695.

[45] Idem, ibidem.

que vem de *parler*/falar – *être*/ser – o qual, na junção, faz aparecer o *parlêtre*. Ele sublinha, assim, esse acontecimento novo na condição humana: o fato de falar.

Com essa questão, Lacan vai introduzir a noção do Outro, que começa a aparecer no texto, ainda que não estritamente o termo. Assim, não é somente que o homem fala, pois passamos aí da condição humana para o homem. Eis o que o texto assinala: "[...] não é somente que o homem fala, mas que, no homem e através do homem, Isso fala [...]". Ou seja, estamos falando na instância do Isso. *Das Es*/o Isso tem a ver com a impessoalidade em particular – essa é a característica desse pronome, e também quer dizer que conota a neutralidade. Se Isso fala, quer dizer que não é só o homem que fala, mas que alguma coisa está falando nele: o Isso. Lacan não escreve o inconsciente, o que é interessante também. Não é essa a categoria que utiliza e, para os que dizem que Lacan não gosta da segunda tópica de Freud – o Isso, o Ego e o Superego –, aqui ele não está dizendo "o inconsciente fala". Está dizendo que o impessoal fala, porque também está presente aí o peso da história, de todas as tradições, de todos os códigos lingüísticos. Isso vai se fazendo impessoal, não é de cada um. É Isso como o significável, o todo que uma cultura possui, tudo *isso* que cai por cima do sujeito, é nesse sentido que é impessoal.

Há um aforismo freudiano tradicional, ao qual Lacan retorna muitas vezes, e que diz: "*Wo Es war, soll Ich werden*"[46]. Vale dizer: "onde isso estava, *ich...*", ou seja, ego "deve advir". Lacan vai traduzir para "sujeito deve advir", onde estava a impessoalidade, *Ich*/*ego,* deve advir. Ao colocarmos ego há um problema, porque não está falando do ego. A tradução literal do *Ich* seria ego (eu), mas vamos escrever sujeito, porque este é quem dá a marca da singularidade em jogo. Ademais, dizendo "estava", não indica se segue estando ou não. Em muitas ocasiões se traduziu "onde isso *era*", o que dá como concluída a situação, como se fosse que o *Ich* viesse a fazer uma substituição de uma instância desaparecida, ao passo que dizer "estava", pretérito imperfeito, não diz se essa instância continua ou não. É exatamente o que Freud introduz: "estava" não diz se deixou de estar ou não. Então não é

---

[46] FREUD, S. "Conferência XXXI". In: *Novas conferências introdutórias sobre psicanálise*. In: *Op cit.*, vol. XXII, p. 102.

como liquidar o *Isso* para que o *Ich* ocupe seu lugar, como se fosse um lugar reduzido, que temos que tirar um para colocar outro. Trata-se de que segue sendo uma virtualidade permanente – Isso fala.

O sujeito, então, no meio do significável, tem que procurar fazer o seu lugar, seu lugar singular. Então, "[...] no homem e através do homem, Isso fala, em que sua natureza torna-se tecida por efeitos onde se reencontra a estrutura da linguagem em cuja matéria ele advém [...]"[47]. Cada um de nós é matéria da linguagem, ou seja, somos convocados para que sejamos transmissores da linguagem. Aqui se coloca a pergunta que soa como delirante, metafísica: onde está a linguagem?

É possível responder? A linguagem está em cada um de nós, poderíamos dizer? Mas isso antecede a nós, vai além de cada um, e aí está o ponto central: não tem uma localização material. Apesar disso, toma nossas cordas vocais, toma nossa maneira de respirar, toma nosso corpo, se faz corpo. Nesse sentido, somos matéria para a linguagem. Em termos de antecedência para cada um de nós, a linguagem como massa articulável é prévia e nos vai além. Então, quando se pergunta qual é a origem da linguagem, a pergunta está mal formulada. Daria margem a supor que haveria a "condição humana" sem linguagem, que esta só veio depois, seria secundária. Portanto, diante da questão "Qual a é origem da linguagem para os homens, como começou?", Lacan inverte totalmente os termos ao dizer: sem linguagem não temos acesso à condição "hominídea", ao homem. Nesse sentido, somos matéria para a linguagem. Esse é um ponto que Lacan trabalha muito no *Seminário 9, A identificação* – tanto somos matéria, tanto é corporal, que temos que fazer cortes para poder falar. Não tem nada a ver com a maneira animal de largar os sons diretamente, sem fazer tudo que fazemos com a língua, os lábios, os dentes, e a nossa maneira de respirar. Daí que as palavras sejam matéria, não sejam uma virtualidade, não sejam idéias "espirituais" no ar. Mas a linguagem em si não tem uma localização específica; torna-se matéria através de nós.

Tudo isso que Lacan chama estrutura da linguagem é aproximadamente o que Saussure chama língua. Língua quer dizer todo sistema

---

[47] LACAN, J. "A significação do falo". *Op. cit.*, p. 695.

lingüístico que se faz ato cada vez que falamos. Trata-se de uma dicotomia habitualmente considerada. Assim, cada vez que dizemos uma frase, toda a estrutura da linguagem se põe em movimento. Para falar precisamente, temos que fazer uma escolha para dizer só o que queremos e excluir todo o resto, mas podemos asseverar que toda a estrutura está em jogo nesse momento, nesse ato que se chama fala. Virtualmente, toda a estrutura da linguagem é posta em movimento nesse ato singular, pontual, de fala, quase à maneira como entende Dürkheim quando diz que há que procurar, como sociólogo, falar da coisa sociológica como se fosse uma coisa concreta. Vale dizer tomar os costumes, por exemplo, as maneiras habituais de as pessoas se relacionarem entre si numa cultura, como se fosse uma coisa, só para efeito de seu estudo, e não afirmando uma entificação ou reificação; nesse sentido, dar-lhe como que uma entidade conceitual, o que é muito semelhante à maneira saussureana e lacaniana de entender a linguagem.

Dar conta da estrutura da linguagem é estar advertido de que não se trata das variabilidades do que, por exemplo, a sociolingüística estuda: os hábitos lingüísticos, as gírias, a linguagem dos adolescentes, dos delinqüentes, as variabilidades do idioma no curso dos anos ou séculos. Não é isso. Neste caso estamos fazendo sociolingüística e trabalhando uma questão histórica. O que interessa a Lacan é uma questão de estrutura e não de história. A estrutura da linguagem nada tem a ver com uma posição culturalista, por exemplo, de Karen Horney, como menciona no texto, e todas as tendências de Erich Fromm ou Harry Sullivan. Lacan aproveita para lembrar que Karen Horney foi uma das autoras psicanalíticas criticadas pelo próprio Freud a respeito de suas idéias feministas. Efetivamente, o criador da psicanálise se ocupou tanto de Melanie Klein como de Horney, ou seja, teve tempo para conhecer o que Lacan chamou de desvios.

Sobre isso, o texto lacaniano é esclarecedor: "Não se trata da relação do homem com a linguagem como fenômeno social, e nem mesmo de uma questão de algo que se pareça com a psicogênese ideológica que conhecemos e que não é superada pelo recurso [...] veiculado sob o nome de afeto"[48]. Não se trata também, portanto, da psicogênese das palavras, ou

---

[48] Idem, p. 696.

seja, não é psicogenético, nem é sociológico, nem é culturalista, nem tampouco é afetivista. É a estrutura da linguagem que "espera" por cada um de nós para passar da condição humana à condição do homem. Para que isso seja assim, não temos outra alternativa que falar. Entretanto, aí está o fato: quando falamos, se as palavras nos antecedem, Isso fala em nós. Esse efeito se chama alienação.

O termo alienação vem de Hegel, mas, de parte de Lacan, também implica uma crítica a Hegel. Esse é um dos truques habituais de Lacan: toma o termo, como vimos no que aconteceu com o significante, e outorga-lhe um outro sentido. Alienação em Hegel e Marx é a perda de uma essência que se poderia resgatar. Por exemplo, na utopia marxista era a questão da sociedade comunista: o que se perde do humano no capitalismo vai se reincorporar pela via do comunismo. A alienação na mercadoria, própria do capitalismo, leva ao comunismo. Então, uma vez advindo o comunismo, assentadas então outras condições a respeito da propriedade dos meios de produção, e trocando conseqüentemente o modo de trabalho, é como se o sujeito recuperasse sua essência que fora alienada pelo capitalismo. E essa é também uma definição historicista, sociológica. O que diz Lacan é que se trata de uma alienação irreversível; não é, portanto, alienação hegeliana, nem marxista. É uma maneira sua de dizer alienação, um termo que vai ele sustentar muitas vezes. Na antiga tradução para o espanhol, colocaram "alheamento", e, ainda que pareça que é um sinônimo, perdemos a referência a Hegel. Alienação é o termo que Lacan vai usar, por exemplo, no *Seminário 11*[49], no Escrito "Posição do inconsciente"[50] e em vários outros lugares. Assim, não é "alheamento", é alienação. Pelo fato de falar nos alienamos; isso é irreversível, essa é a condição. Passamos da condição humana, de hominídeo, à de homem, mas o preço irreversível é a alienação.

Isso é interessante porque é distinto também de Freud. Para Freud, pelo fato de sermos seres de cultura, o que temos é o recalque das pulsões. Esse é o preço para conseguir o convívio, para não ser cada um a besta do

---

[49] LACAN, J. *Seminário 11: Os quatro conceitos fundamentais da psicanálise*. Rio de Janeiro: J. Zahar, 1979.

[50] LACAN, J. "Posição do inconsciente". In: *Escritos*. Rio de Janeiro: J. Zahar, 1998, pp. 843-64.

outro, porque não se sabe, especialmente nos dias de hoje, manter uma condição de convivência mais ou menos civilizada. O sublinhado por Freud é o que ele chama de renúncia pulsional, que aparece, por exemplo, em *Moisés e a religião monoteísta*[51], mas essa é uma linha de pensamento que aparece em Freud muito anteriormente. Não é igual ao que propõe Lacan, para quem a alienação tem a ver com o fato de falar, e, ainda, que não temos outra possibilidade senão falar.

O fato de falar, podemos dizer, é um dos universais do homem. O outro é o tabu do incesto. Tanto este como o fato de falar não têm nada a ver com a biologia. Mais uma vez estamos diante de uma confusão habitual de dizer que, se é universal, é biológico, é da espécie, como se fosse cromossômico. Mas não é assim, porque nada disso impediria o incesto e a linguagem, e não vemos onde está a relação com a questão fisiológica. Podemos estudar o aparato fonatório, mas não é isso que estamos procurando dizer. "Trata-se de reencontrar" – vai especificar Lacan – "nas leis que regem essa outra cena (*eine andere Schauplatz*) que Freud, a propósito dos sonhos, designa como sendo a do inconsciente, os efeitos que se descobrem no nível da cadeia de elementos materialmente instáveis que constitui a linguagem[...]"[52]. Nessa definição, Lacan tomou de Freud a expressão *eine andere Schauplatz*, e vamos encontrar o termo inconsciente em tudo que está dizendo agora, marcando que se trata, neste, de uma outra cena. O que temos, então, é uma "cadeia de elementos materialmente instáveis", o que comporta que podem mudar, portanto. É uma cadeia, mas os elementos componentes não têm entre si um liame forçosamente estável. Nesse sentido, é materialmente instável e provoca efeitos: "[...] efeitos determinados pelo duplo jogo da combinação e da substituição no significante [...]"[53].

Para procurar o esclarecimento desse "duplo jogo", vou aproveitar, de maneira somente indicativa, o desenvolvimento de Jakobson. Nesse sentido, vamos extrair o que ele chamava de os dois eixos da linguagem. Como diz Lacan, temos uma cadeia; pois bem, vamos supor um ato de fala que tem os elementos materialmente instáveis, mas sem liame entre si. Para dizer um deles, sempre acontece que temos de fazer uma escolha – se coloco um dos

---

[51] FREUD, S. *Moisés e a religião monoteísta*. In: *Op. cit*, vol. XXIII, p. 135.
[52] LACAN, J. "A significação do falo". *Op. cit.*, p. 696.
[53] Idem, ibidem.

elementos, há a possibilidade de aparecerem termos sinônimos, ou, como se diz comumente, temos muitas maneiras de dizer as coisas, ou ainda, por que se usou esse termo se havia a possibilidade de usar esse outro? Podemos supor isso na linguagem diplomática quando procura fazer as dissimulações – ou o falar de modo eufemístico – sem dizer as coisas diretamente, porque se fala fazendo rodeios. Tudo isso é muito conhecido, mas podemos dizer que acontece com cada um dos termos de qualquer cadeia. No relacionamento entre todos os termos, cada um pode ser substituído por outro. Não faz falta um exemplo, pois para qualquer frase é só começar a refletir e vamos ver como poderíamos colocar outros termos em lugar dos escolhidos, tratando de preservar no significável o significado. Essa seria, então, a substituição.

Consideremos brevemente a combinação. Por exemplo, ao escrever uma frase, coloco o sujeito, logo o verbo, e por fim o complemento – isso quer dizer que aqui a relação é de combinação. Aí estão as duas maneiras de entender a substituição e a combinação. Se tomamos o que posso chamar de sintagma, uma frase mais ou menos convencional, com início e finalização, temos o relacionamento de combinação, com os elementos todos co-presentes, solidários, pois as palavras estão todas expostas e seguem uma ordem que deve ser respeitada para ser inteligível. As outras palavras, no eixo da substituição, são virtuais. Como mencionei, estou falando de Roman Jakobson[54], um amigo de Lacan, a quem este faz muitas referências e de quem toma muitas idéias, essa entre outras. Então, a linha vertical chama-se paradigma e a linha horizontal chama-se sintagma.

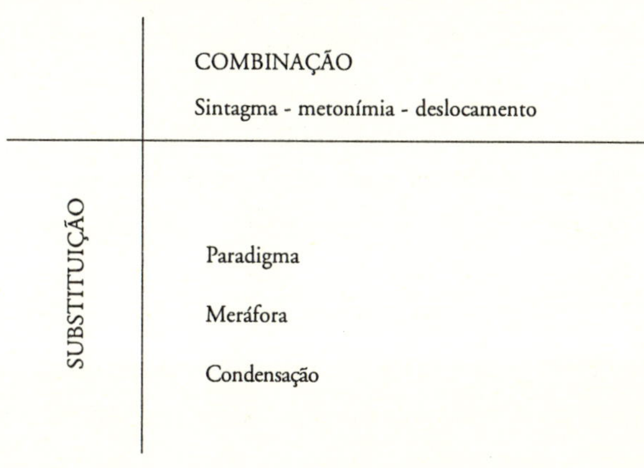

[54] JAKOBSON, R. *Lingüística e comunicação.* São Paulo: Ed. Cultrix, 1973, p. 39.

Aqui temos representados os dois eixos e suas maneiras respectivas de substituição e combinação. Lacan comenta que isso gera efeitos: "[...] os efeitos que se descobrem no nível da cadeia de elementos materialmente instáveis que constitui a linguagem: efeitos determinados pelo duplo jogo da combinação e da substituição no significante, segundo as duas vertentes geradoras do significado constituídas pela metonímia e pela metáfora; efeitos determinantes para a instituição do sujeito"[55]. Aí temos a definição para "geradoras do significado". As duas vertentes geram significados, isso é, a substituição e a combinação. O sujeito tem que se instituir, que se constituir, e para isso necessita dos dois eixos. Cada um deles é colocado pelos tropos da retórica: metáfora e metonímia. O trabalho dos tropos é realizado em cima da palavra ou da frase, para tratar de retorcer o que se procura dizer. A retórica nasceu a partir da oratória, tal como mostram as obras de Cícero e Quintiliano. Eram diálogos do orador, das maneiras de persuadir, de falar adornando as frases, produzindo efeitos de conquista da audiência. A retórica foi criticada por isso, como se fosse um procedimento, quase perverso, de ocultar a verdade, porque o mais importante não era a verdade na transmissão, mas o fato de seduzir com as argumentações, de gerar convicção nos ouvintes. Inclui todos os tropos ou figuras, além desses dois clássicos: a metáfora, especialmente conhecida da poesia, e a metonímia, que tem uma variante chamada *sinédoque*. São nomes um pouco estranhos, um pouco gregos, um pouco latinos, à maneira de *hyperbaton*, *poliptoton* e muitos assim. Tomar a parte pelo todo, dizendo, por exemplo, "Isso custa x reais por cabeça", não é a cabeça, é a pessoa: essa é uma sinédoque particularizante. Se dissermos "A coroa pronunciou um discurso", a coroa não fala; evidentemente foi o rei, que tem a coroa na cabeça, que pronunciou um discurso. Assim também podemos dizer de uma bebida que toma o nome do lugar onde é fabricada. Essas metonímias estão incorporadas na linguagem – Porto, Champanhe.

A metáfora tem a ver com a linha do paradigma. Ao procurar uma palavra ou conjunto de palavras para substituir outra, provocamos o que

[55] LACAN, J. "A significação do falo". *Op. cit.*, p. 696.

Lacan chama de "chispa poética"[56], especialmente da maneira como trabalha o poeta. No trabalho do poeta, o referente é a palavra, mudar umas por outras, substituir a fim de lograr consolidar uma mensagem alusiva, indireta, e geradora de gozo estético. Estando a metáfora colocada no paradigma, não temos outra possibilidade que colocar a metonímia na linha do sintagma. Vejamos o exemplo do "discurso que a coroa pronunciou". A sentença "o discurso pronunciado pelo rei que tem uma coroa em sua cabeça" ficou reduzida. Todavia, para isso foi necessário construir toda uma frase e, da frase, tomar alguns dos termos para que todo o sentido estivesse colocado na coroa.

Essas duas maneiras permitem a Lacan dizer que, quando Freud fala da condensação, quer dizer metáfora. Tem a sua lógica e também tem a ver com a substituição. A substituição tem um truque implícito que é a similaridade. Se não há similaridade, como a da sinonímia, por exemplo, não há possibilidade de se fazer uma boa substituição. Boa substituição é aquela da poesia. Se a poesia for boa, conseguimos entender de que se está falando, a que se remete, o que está substituindo. Se a poesia não é boa, não entendemos, ou seja, não alcançou a "chispa poética", não se incendiou, permanecemos apagados, desconcertados, quando não molestos. Então, dizemos que não funcionou bem o eixo da substituição.

O deslocamento é o segundo dos dois termos integrativos do que Freud chama o processo psíquico primário. É quase assombroso que se possa dizer que o processo primário é só isto – deslocamento e condensação. Todas as outras atribuições que podem ser outorgadas ao processo primário são, de fato, qualidades especiais do "sistema" inconsciente, como a atemporalidade, a carência de lógica, mas não pertencem ao processo primário[57]. Processos primários são somente esses dois, os quais podemos chamar de mecanismos. Com eles, diz Freud, se consegue entrar nos sonhos, em *andere Schauplatz*, numa outra cena. Esse é o ponto fundamental que Lacan ressalta, de que o inconsciente é uma outra cena. Que quer dizer isso? Certamente não é uma questão reduzida e desviada, como diz o infeliz termo subconsciente, que muitos acreditam que seja igual a inconsciente.

---

[56] LACAN, J. "A instância da letra no inconsciente ou a razão desde Freud". *Op. cit.*, p. 511.
[57] FREUD, S. "O inconsciente". In: *Op. cit*, vol. XIV, p. 213.

Subconsciente é uma consciência – vale dizer, tem as mesmas características – mais empalidecida, diminuída, debilitada. Não é um termo psicanalítico, não por preciosismo, mas porque não diz o que Freud quer dizer, porque perde, assim, toda sua força de determinação dos aconteceres do psiquismo. Com essa questão da *andere Schauplatz*, Lacan ressalta uma relação que é marcada pela heterotopia. *Heteros* (outro), *topta (topos)* (lugar) – o posicionamento do inconsciente é heterotópico, por estar situado em um outro lugar de determinações ao encontrar-se regido por uma legalidade diferencial. Por isso, a outra cena quer dizer que não há continuidade; há corte. Essa é a categoria válida para entender psicanaliticamente que há corte, e não continuidade, entre consciente e inconsciente.

Lacan menciona a topologia de modo preliminar, pois nesse texto não avança seu ensino mediante formulações que se desprendem desse ramo da matemática, da qual, como se sabe, retirará prontamente extraordinário proveito para suas pontuações. Nesse Escrito, em troca, faz só uma declaração de tipo geral. E a seguir introduz a questão do Outro: primeiro, que, "[...] no homem e através do homem isso fala [...]", e agora, de maneira ainda mais precisa, "Isso fala no Outro [...]". E vem a definição: "[...] designando por Outro, o próprio lugar evocado pelo recurso à palavra, em qualquer relação em que este intervém"[58]. Assim, Outro quer dizer que, quando a palavra está em jogo, há um Outro que fala.

Para poder desentranhar as conotações conceituais do Outro, vamos explorar o texto: "[...] lugar evocado pelo recurso à palavra em qualquer relação em que este intervém", ou seja, a palavra tem que estar presente para poder falar do Outro. Este não é onipresente, não é uma versão *aggiornada* do bom e velho Deus. Quando se faz um ato de fala, então "Isso fala no Outro". Quando falamos, não estamos falando somente nós, entre nós. Para usar a volta heideggeriana, temos que contar com a presença determinante e incidente desse Outro. Seríamos falados pelo Outro, porque Isso fala no Outro, o que poderia esclarecer-se mediante o recurso à teoria

[58] LACAN, J. "A significação do falo". *Op. cit.*, p. 696. As citações a seguir referem-se a essa mesma página do texto.

de conjuntos, no atinente às inclusões e aos pertencimentos respectivos. Por outra parte, mais uma vez está presente a questão da paixão, da passividade sofrida, mas não tem por que ser somente assim, pois o dizer é como um trânsito, um "ir para". Então, "Se isso fala no Outro", como uma condição, "quer o sujeito o escute ou não com seu ouvido, é porque é ali que o sujeito, por uma anterioridade lógica a qualquer despertar do significado, encontra seu lugar significante". Aqui a questão se complica frutiferamente. O sujeito, antes de encontrar seu significado, vai ser também efeito do significante, e também podemos dizer que o sujeito é feito pelo significante. A homofonia portuguesa – é-feito/efeito – nos permite escutar as duas vertentes, podendo esclarecer-se, na própria "substância" fônica, o que pretendemos desenvolver. O sujeito encontra seu lugar significante; então, se temos que falar de feitura, a feitura é essa, isso é, do significante ativo.

A partir desse ponto, interessa a função do falo, quando aparece uma definição funcionalista, não essencialista. "O falo é aqui esclarecido por sua função". Como *funciona* isso chamado falo? – aspecto importante no sentido de não levar a essencialismos quase metafísicos a respeito de um tema que parece muito abstrato. Assim, a maneira como o falo vai gerando a diferença entre os sexos e o que acontece com cada um deles vai levando-o à concreção. "O falo na doutrina freudiana não é um fantasma" [está traduzido como fantasia, mas é fantasma], "caso se deva entender por isso um efeito imaginário". Esse é um ponto discutível, porque não se pode entender fantasma tão-só como efeito imaginário. A noção de fantasma não está processada cabalmente por Lacan antes do Seminário 14, *A lógica do fantasma*, quando consegue decliná-lo nos três registros. Dizer que o fantasma tem a ver com o imaginário é supor, em princípio, que não é como ele consegue apresentar no Seminário *14*: uma frase – uma frase que, como dissemos no item anterior, tem o valor lógico de um axioma, ou seja, é indiscutível para um sujeito. Em que sentido é um axioma? É a sua condição de excitabilidade sexual, inexorável, imutável se não mediada pela operatória psicanalítica. Tem tanto valor de verdade como tem um axioma, vamos supor, geométrico. Trata-se então de uma frase axiomática. Além disso, no Seminário 14, Lacan diz: é o que, do inconsciente, mais tem a estrutura da linguagem, porquanto é uma frase[59]. Podemos nos remeter, por exemplo, a *Uma criança é espancada*, para tomar a citação tradicional de Freud. Essa frase, localizável nos analisantes, é decisiva e constante, e é exatamente com o que sustenta uma cena sexual, se bem que não genital no sentido condutual. Os sujeitos de referência têm que passar por essa cena fantasmática, ou para se excitar evocando-a, ou para obter seu orgasmo, e nesse sentido não tem nada de imaginário, porque volta sempre ao mesmo lugar: é da ordem do registro do Real. A noção de fantasma é uma trama complexa, sendo ainda insuficiente nesse momento a caracterização de Lacan, ao dizer: "[...] caso se deva entender por isso um efeito imaginário". Fantasia também não é um termo pertinente para nosso percurso e, nesse caso, é um erro de tradução, como já foi mencionado.

Voltando ao texto: "Tampouco é, como tal, um objeto". Havíamos visto que, quando criticava Melanie Klein, Lacan tinha dito que não se tratava de um objeto parcial, interno, bom, mau. Isso é retomado para ir além: "[...] na medida em que esse termo tende a prezar a realidade implicada numa relação"[61]. Nesse momento prévio em que Lacan lhe dá seu estatuto definidor do objeto *a*, quase poderíamos afirmar que, nessa articulação, objeto quer dizer uma fuga para a realidade, não da realidade ("a realidade implicada numa relação"). Se é assim, advém um tipo de realismo quando se considera a vertente correspondente ao objeto, mas não com relação ao falo, visto que ele quer retirar a noção do falo de todo possível realismo, porque é um significante. Não está em jogo a relação com ele, então, tal como sucede quando se coloca a questão do objeto, já que este, em geral, vai unido à noção de relação: é "a relação de objeto". Podemos dizer mais: o falo é o que permite que essa relação possa se estabelecer. De acordo com essa precisão, em suma, o falo não é um objeto.

Não é um fantasma. Não é um objeto. Prossegue: "E é menos ainda o órgão, pênis ou clitóris, que ele simboliza. E não foi sem razão que Freud

---

[59] LACAN, J. *Seminário 14: A lógica do fantasma*. Classe 22, de 14/06/67. Inédito.

[60] LACAN, J. "A significação do falo". *Op. cit.*, p. 696.

extraiu-lhe a referência do simulacro que ele era para os antigos"[61]. Dito de outra forma, simboliza, mas não é nenhum desses órgãos. Temos em conta, sem dúvida, que o priapismo, próprio do simulacro antigo, não tem nada a ver com a questão. Ele insiste, no Seminário 10, *A angústia,* sobre a tumescência/detumescência, e a maneira como a castração está presente no pênis no momento de cada detumescência. Nesse sentido, o pênis não é o falo[62], não estando relacionado com a questão monumental, pétrea, perdurável. Se apresenta algum correlato da castração, é o momento da detumescência posterior à tumescência, posterior à ereção do pênis. Aí teríamos como que uma "realidade carnal", porque seria a castração, como se diz, simbólica, porque não se trata do fantasma de castração. Tampouco tem corte de coisa nenhuma, mas tem a queda do pênis e nesse sentido está a detumescência. Sintetizando: primeiro, não é um fantasma, depois, não é um objeto, e também não é carnal, não é um órgão. Lacan inicia, então, com definições pela negativa, tudo que não é. E logo após apresenta sua definição forte, à qual retornamos agora: "O falo é um significante [...]"[63].

Não diz o significante, e sim um significante. Mas se é significante tem essa função no significável, a de dar significado. Não afirma que essa geração de significados há de acontecer no conjunto inteiro, virtual, mas podemos dizer que é a maneira pela qual se investem – local, setorizadamente – as coisas da vida: trata-se da aludida falicização. Portanto, a partir da maneira de derivar a *Bedeutung* do falo da ordem da sua "importância", poderíamos falar, tal como havíamos antecipado, da *significatividade* do falo.

Então, um significante enquanto significante vai gerar paixão do significado.Vai ter uma função ativa. Se o falo é significante, é ativo, e a respeito do significável vai gerar a paixão do significado. Mais precisamente: "[...] é um significante, um significante cuja função na economia intra-

---

[61] Idem, pp. 696-7.

[62] LACAN, J. *Seminário 10: A angústia.* Classe de 15 de maio de 1963. Inédito.

[63] LACAN, J. "A significação do falo". *Op. cit.*, p. 697.

subjetiva da análise levanta, quem sabe, o véu daquela que ele mantinha nos mistérios"[64]. Ele está se referindo, assim, aos conhecidos afrescos da Villa de Pompéia[65]. Ainda que aqui não vá dizer diretamente, Lacan vai jogar muitas vezes com a função velatória em jogo na revelação. Com efeito, ensina que sempre se trata, mediante a escansão, de uma re-velação – a maneira pela qual se desvela alguma coisa e imediatamente se volta a velar. O que é sugerido nos mistérios são os simulacros; Lacan está falando da tradição dos cultos fálicos e da função de desvelar. Mediante a pontuação de que a revelação é um voltar a velar, ele logra escindir a representação imagética – aparentemente mostrativa –, que se dá-a-ver, do terreno do significante, elusivo e inapreensível.

Nesse ponto do texto, as palavras são muito precisas: "Porque é o significante destinado a designar, em seu conjunto, os efeitos do significado [...]"[66]. Essa construção é um pouco complexa, porque, ao dizer "em seu conjunto", remete ao conjunto dos significados e leva a entender, então, que haveria dois conjuntos: o conjunto dos significantes e o conjunto dos significados. Agora temos que apartar metodologicamente o significável e ir, de maneira direta, aos dois conjuntos:

- conjunto significante;
- conjunto significado.

Do conjunto significante vamos tirar um, um que fica fora do conjunto e que resulta definidor, ou, melhor dito, "designador", posto que designa, precisamente: um significante extraído do conjunto significante – aqui aparece o falo. É ele que é extraído do conjunto e por isso proporia referir-se a ele como "há ao menos um tal que fica fora". Esse lugar também

---

[64] Idem, ibidem.

[65] Villa do Misteri em Pompéia. Lacan faz referência aos famosos afrescos de Pompéia em vários pontos de seu ensino. No *Seminário 5, As formações do inconsciente* (Rio de Janeiro: J. Zahar, 1999), acompanha o trabalho do conceito do falo, com uma descrição da referência, na página 360.

[66] LACAN, J. "A significação do falo". *Op. cit.*, p. 697.

é muito semelhante ao lugar do Pai da horda primitiva freudiana, aquele que fica fora do conjunto. É uma exceção que outorga, porém, sua homogeneidade ao resto dos elementos, assinalando, de tal forma, que não resulta ingenuamente estranho ou alheio ao conjunto, já que este não poderia sustentar-se a não ser pela ação "designadora" desse elemento. O falo tem então o privilégio de conseguir, a respeito de seu próprio conjunto, "os efeitos do significado". Esse significante, o falo, condiciona e determina, pela sua presença, o significado para o conjunto dos significantes. Isso que parece muito abstrato é interessante para pensar, por exemplo, o que acontece na psicose, em que o falo não cumpre essa função. Como ensina Lacan no texto *De uma questão preliminar a todo tratamento possível da psicose*[67], a megalomania na psicose tem a ver com um ideal, que faz funcionar o conjunto do significado – outro significante, então, que não é o falo, mas é o ideal. Se a articulação do sujeito acaba sendo com um ideal, o sujeito é um ideal, confunde-se com o ideal, ou seja, cai na megalomania. Falando da estruturação subjetiva "normal", é o falo que consegue esse efeito de fazer funcionar o significado, outorgando também sua significação – como vimos – à castração. Poderíamos dizer: é o falo gerando os efeitos do significado, o que quer dizer que não temos significado que não seja fálico.

É interessante o que Lacan diz nesse ponto do texto, desfazendo o que parece tão abstrato, tão próprio do terreno da lógica dos conjuntos, pois, sem embargo, o falo tem "presença" – presença enquanto significante. Essa palavra, presença, nos mostra como Lacan está atento para não cair em especulações divorciadas da clínica psicanalítica, já que esta é sempre seu guia e sua remissão. Por exemplo, vai falar de presença do analista, da importância da presença para evitar a oscilação especular na clínica. Mas o termo aparece aqui para marcar que presença não é igual a dizer só o Simbólico. A marca do significante fálico, então, não é só pelo seu lugar pre-

---

[67] LACAN, J. "De uma questão preliminar a todo tratamento possível da psicose". In: *Escritos*. Rio de Janeiro: Jorge Zahar Ed., 1998, p. 559.

sumido e exclusivamente simbólico. Por isso ele diz: "Examinemos, portanto, os efeitos dessa presença"[68].

É uma função que gera efeitos, na medida em que o falo é uma presença. Vamos prosseguir nessa indagação mediante essa questão: qual é a presença do falo, extraído do conjunto do significante, que tem um lugar prevalente para gerar, no conjunto do significado, os significados? O primeiro ponto é que ele produz, pela aludida presença, "[...] um desvio das necessidades (*besoins*) do homem pelo fato de ele falar [...]". Essa afirmação está dizendo como Lacan vai se afastar, nesse ponto específico, das concepções de Freud. Voltemos ao início para procurar explicar essa afirmação. A necessidade em Freud não tinha a ver com o fato de falar, e sim com o investimento da marca ou traço mnêmico, isso que se faz percepção, imagem alucinatória, a partir da vivência de satisfação. Não está, assim, relacionada com a questão da fala. A passagem necessidade/desejo é relativa à procura de reconstituir o *percepto* maravilhoso da ingestão alimentícia. Em Lacan o desvio vai se produzir pelo fato da fala, porque Isso fala no Outro. Aí está o desvio assinalando que em Lacan vai ser ainda mais forte que em Freud a perda da autonomia do reino da necessidade. Não é mais considerado como puro, autônomo, o âmbito da necessidade.

Então, o "desvio das necessidades do homem pelo fato de ele falar", esse encontro do homem com a fala, gera um desencontro, "[...] no sentido de que, por mais que suas necessidades estejam sujeitas à demanda, elas lhe retornam alienadas". A questão apresentada pela noção de demanda pode-se entender, supostamente, com facilidade. Pode ser semelhante ao que dizia Freud: que, por não haver condições de satisfazer a necessidade com a alucinação, a criança começa a gritar, a lutar, a chorar, e a mãe diz: "tem fome" – pressupõe, atribui, que tenha fome e dá o alimento. Podemos dizer que isso virtualmente seria um pedido – aí está a questão, a demanda seria um pedido; significa "quero isso". Em Freud, a noção de ação específica resolvia a questão[69]. Prosseguindo com Freud, diante desse estado de carência vem a *assistência alheia*, em geral através da mãe, que dá a alimentação,

---

[68] LACAN, J. "A significação do falo". *Op. cit.*, p. 697. As citações a seguir referem-se a essa mesma página do texto.

[69] FREUD, S. "Projeto para uma psicologia científica". In: *Op. cit*, vol. I, pp. 441-2.

realizando a *ação específica* para reduzir a insuportável tensão da necessidade. Depois, cada um, à medida que se vai bastando a si mesmo em virtude de seu crescimento e de sua autonomia, consegue reduzir a tensão da necessidade fazendo a ação específica, mas ainda não temos fala. Diante do grito e do choro da criança, é outro – mediando a incidência do Outro – que diz que ela tem fome.

Como acontece o desencontro que assinalamos? Pedido é igual a demanda? Dito de outra forma: uma pessoa, quando pede alguma coisa, pede o que pede? É evidente que estou formulando uma pergunta retórica; vale dizer que se trata dessas perguntas-armadilha, cuja resposta se acha contida, condicionada, pela mesma formulação tendenciosa da pergunta. É claro, então, nosso argumento: o pedido manifesto não é a demanda. Esse é o primeiro ponto. Surge uma categoria inovadora e por isso estou insistindo que é distinta. A necessidade aparece como demanda – pedir para um outro, esse é o movimento inicial. Pedir para um outro, mas nos termos do Outro, pois já está alienado, visto que tomou necessariamente os referidos termos do Outro, pelo fato de falar. Demanda utilizando, então, esses termos. Bem, o Outro não é ninguém em particular, mas esse lugar que é o lugar da palavra. Daí que fala o Outro, e para o Outro, quando se está articulando uma demanda. A necessidade sai como demanda, e o privilégio nesse caso é da demanda, não da necessidade. Demanda do quê? Não se tratando do demandado manifesto, vamos nos afastar do mito freudiano, porque, evidentemente, a demanda vai além da vivência de satisfação.

Em que direção vai a demanda se não é o pedido explícito? Esse é um capítulo vasto e importante que Lacan introduz nesse período de seu ensino. Como dizíamos, a questão começou pela necessidade, pelo fato de que a necessidade tem que passar pela demanda que é feita com os significantes do Outro; a demanda, assim, está "sobre" a necessidade.

É mais difícil de apreender o que diz Lacan no parágrafo seguinte: a demanda vai ser demanda de amor e vai ser também de presença ou de ausência, de ficar ou de não ficar – ponto importante, porque se acredita, nas divulgações apressadas da obra de Lacan, que a demanda é só de presença, mas é também de se afastar, e, ainda mais, é outra coisa além do pedido manifesto. Como se vê, isso é decisivo para a direção da cura analítica. Uma análise vai funcionando na medida em que a demanda vai se intensificando, consolidando assim a neurose de transferência. Quando a demanda é mais regressiva e não tem nada a ver com os pedidos explícitos, aí temos a idéia de um avanço favorável na cura. Ela é distinta dos pedidos manifestos que os analisantes possam nos fazer, sejam quais forem, porque nesse âmbito chamado demanda trata-se de outra questão. Daí então que a necessidade feita demanda já não é mais necessidade; está alienada pelo fato de que é falada com os significantes do Outro. E acrescenta: "Isso não é efeito de sua dependência real (que não se suponha reencontrar aí essa concepção parasita que é a noção de dependência na teoria da neurose) [...]"[70] – o que tem a ver com a prematuração e com o fato de falar. Tem ligação também com a famosa dicotomia ou maneira de entender a cura, de que o neurótico é dependente e tem que conseguir sua independência, o que, em geral, derivou para o desvio chamado genitalismo. O sujeito genital, que "transa bem", quer dizer também que é independente. Soa absurdo, mas isso foi dito por muitos psicanalistas, é uma marca que se generaliza: uma "boa vida genital" traz necessariamente uma independência legítima.

A respeito, já havíamos assinalado como alguns analisantes, depois de terem "concluído a análise" apresentando uma pressuposta "boa vida genital", mostram que o que ficou sem trabalhar nessas análises é a questão fantasmática, que prossegue intacta, fazendo-os padecer novas sintomatologias e fracassos dolorosos e repetitivos em sua vida. Voltemos, então, ao desvio em questão: trata-se, aparentemente, de dependência-independência, ou da pequena variação proposta – como exemplo ilustrativo – por W. R. Fairbairn, ao falar de dependência infantil e de dependência madura. Esse critério é evidentemente o critério dos preconceitos dos analistas. O que quer dizer isso? Qual é a medida, qual é o critério para saber o que é dependência infantil e o que é dependência madura? Conseqüentemente, passa-se idealmente de uma para a outra. Por isso Lacan assinala que dependemos da demanda e não temos outra saída senão ser dependente da função da demanda, o que não implica realismo biologizante algum. É que, se falamos, já demandamos; simplesmente, quem fala solicita ser res-

[70] LACAN, J. "A significação do falo". *Op. cit.*, p. 697. As citações a seguir referem-se a essa mesma página do texto.

pondido; e isso não quanto ao enunciado, mas ao fato mesmo de obter uma resposta. Temos aqui uma definição basal, ou seja, o que acabou de ser referido não é reversível, porquanto isso acontece pelo fato de falar. Então não temos maneira de superar essa condição, o que é distinto da dependência, da qual se sairia triunfal e saudavelmente graças a alguma maturação, mais ou menos previsível. Esse é o ponto fundamental e agora Lacan apresenta sua idéia de que o sujeito depende "[...] da configuração significante como tal e de ser do lugar do Outro que sua mensagem é emitida".

Reencontramos, aqui, uma famosa fórmula utilizada por Lacan, a qual reza assim: "o emissor recebe do receptor sua própria mensagem em forma invertida". A mesma referia-se no início, por exemplo, a "tu és minha mulher", que quer dizer "sou teu marido". Volta então como a própria mensagem, que não é como reconhecimento imaginário do outro, senão que volta desse outro para mim, outorgando-me, de tal forma, um lugar desde o Outro, e no Outro. Também consideramos isso como ponto decisivo para a clínica, porque permite mostrar que o que acontece na vida de cada analisante é gerado por ele próprio. Estou me referindo a como o fantasma de cada um gera a realidade. Com efeito, em geral o fantasma fica tão bem "amarrado" na realidade que sua ação não resulta evidente quanto à determinação em jogo. Se em nossa abordagem psicanalítica acreditamos nas queixas, acusações e alegações do analisante, caímos prontamente em uma cumplicidade com a condição que o neurótico reclama, que é a de vítima passiva e inocente de seu acontecer vital – vítima da vida em geral, que conseguiu lhe fazer isso, e dos outros, que lhe têm feito isso ou aquilo, não considerando que esse é o produto de suas próprias mensagens que vem do lugar do Outro, e que, por tal motivo, são feitas de significantes. Essa alienação está relacionada à *Urverdrängung,* o recalque primordial, ou primário, ou originário.

Retomando então: "O que se encontra assim alienado nas necessidades constitui uma *Urverdrängung,* por não poder, por hipótese, articular-se na demanda, aparecendo, porém, num rebento, que é aquilo que se apresenta no homem como o desejo (*das Begehren*)". Do que Lacan está falando aqui? Que o sujeito da necessidade, pelo fato de falar, articula as necessidades diretamente em demanda, mas nessa operação alguma coisa cai, à maneira de um resíduo. Fica um resíduo que vai integrar o recalque primário, que não se articula na demanda – a demanda tem outra direcionalidade –, sendo esse resíduo o que se apresenta no homem como desejo, isso é, como um retorno do recalcado. Dito de outro modo: o fato de falar aliena a necessidade em forma de demanda e gera um desejo que tem a ver com a condição do recalque primário. Dizendo mais diretamente: o cumprimento do desejo é inalcançável, o que é função de sua "dependência" do recalque originário.

Não é exatamente essa a teoria freudiana, na qual supostamente teríamos a tendência de voltar para o registro da percepção e conseguir, no início mítico, alguma maneira de procurar o cumprimento do desejo. O desejo aqui cai exatamente como um resíduo ou rebento, e Lacan o chama *das Begehren*, que é um termo de ascendência hegeliana. O termo de Freud é *Wunsch* e Lacan, em muitas ocasiões, toma esse *Wunsch* para dizer desejo. Como se pode ver, esse é um momento de muito trabalho dele com as idéias de Hegel, a partir de sua assistência às aulas de Kojève, que incidiram muito na intelectualidade francesa da época dos anos 30/40. Possivelmente influenciado, então, pela leitura que Kojève fez de Hegel[71], Lacan introduz o termo *Begehren*, que tem o sentido de desejo, mas também de uma aspiração, uma "tendência para". É nesse sentido, então, que aí aparece o desejo.

Comentei anteriormente sobre a expressão conhecida como "fenômeno analítico". Pois bem, aqui temos o seguinte: "A fenomenologia que se desprende da experiência analítica [...]". A experiência tem a ver, então, com um certo saber que se deposita em cada um de nós, enquanto analistas, e aparece quando temos que *descrever* – algum acontecer da clínica –, aí está a fenomenologia. Lacan não critica o termo, mas sim a concepção que rejeita o inconsciente, como, por exemplo, no caso da fenomenologia de Sartre. A psicanálise existencial de Sartre rejeita o inconsciente definitivamente. Portanto, Lacan aqui aceita o termo: "[...] a fenomenologia que se desprende da experiência analítica é de natureza a demonstrar, no desejo, o caráter paradoxal, desviante, errático, descentrado, e até mesmo escandalo-

[71] KOJÈVE, A. *Introdução à leitura de Hegel*. Rio de Janeiro: Contratempo, 2001.

so, pelo qual ele se distingue da necessidade"[72]. Pelo fato de o homem falar, há um desvio da necessidade, mas aqui parece que se trata de um outro desvio. É interessante marcar como em tantas ocasiões a psicanálise perdeu o desvio para voltar ao "reto caminho" da necessidade. Por exemplo, em termos gerais, qual é o fato central para Melanie Klein? É a alimentação obtida ou não, referindo-se ao peito como sendo verdadeiramente o leite, presença ou ausência de leite. Desse modo, trata-se de satisfação ou não da necessidade, não há desvio. Podemos dizer que, se a criança tem fome e não aparece o peito, para Melanie Klein isso gera o objeto mau interno, mas sempre em função da necessidade, satisfeita ou não. Também, se começa a fluir o leite, há a fantasia – *phantasy* – de um peito inesgotável, mas está sempre presente a determinação em função da necessidade. Assim, Melanie Klein não outorga um estatuto válido ao desejo, e procede do mesmo modo com a pulsão, já que seu naturalismo a leva, coerentemente, a falar do instinto. Em realidade, o decurso da vida psíquica, para essa analista, revela muita influência da religião cristã, porquanto concebe o início do psiquismo como sendo quase maldito, devido à ação prevalente do instinto de morte e das *fantássimas* homicidas determinadas por este, o que, portanto, dá lugar à reparação pela via do instinto de vida. Ou seja: é uma redenção pela via do amor. Efetivamente, é quase como a história bíblica, que começa por uma queda pecaminosa, pelo pecado original.

Esse é um dos tratamentos dados à questão da necessidade, mas há um outro, que os autores anglo-saxões tomam com muita freqüência: é a idéia de frustração. Seria assim: dizer não ao que foi pedido gera uma frustração. Não estamos, portanto, falando de demanda; estamos falando da resposta negativa dada a um pedido explícito. Há, inclusive, um famoso teste projetivo, de Rosenszweig, que encara a tríade frustração, agressão, regressão, propondo ponderar esses fatores em situações em que advém a referida insatisfação manifesta. Lacan assinala que Freud nunca utilizou o termo frustração, que aparece em muitas traduções de sua obra. Creio que na edição brasileira feita a partir de Strachey aparece o termo frustração. A palavra que Freud utilizou, e que tem muito a ver com a demanda, é

72 LACAN, J. "A significação do falo". *Op. cit.*, p. 697. As citações a seguir referem-se a essa mesma página do texto.

Versagung. Muitas palavras alemãs usadas por Freud, tem o prefixo *Ver* – *Verdrängung, Verwerfung, Verleugnung*, e outras mais. Aqui temos *Versagung*, que significa uma fala dificultada, travada.

Na *Versagung* quase se trata de um não-dizer, de não poder lograr a comunicação, ou, dito de outra maneira, seria diretamente um não, pois não-dizer advém como dito não. É um vocábulo relacionado com a linguagem jurídica, verificado quando se formula uma demanda e a outra pessoa – que pode implicar a instância jurídica pertinente – diz que não, não aceita. O termo mais adequado da linguagem jurídica seria indeferimento, que não é renegação, *Verleugnung*, nem denegação, *Verneinung*. O termo freudiano é no sentido de um corte e um impedimento; como vemos, não se trata de frustração. Qual é o ponto que procuro sublinhar? Que a frustração consiste, supostamente, em não dar um objeto em particular e não em um fenômeno da palavra. Em troca, o termo *Versagung* contém uma das declinações do verbo *sagen*, que quer dizer, precisamente, "dizer". Esse é o fato especialmente trabalhado por Lacan. É uma questão de dom, de doar, não de dar. O dom pode ser o dom dos signos do amor, o que implica que não se trata ingenuamente de dar um objeto concreto e palpável, como na concepção tradicional. Por exemplo, a criança que pede um doce, é isso o que quer enquanto demanda? Pode ser um doce especialmente, mas não é para satisfazer a necessidade alimentícia. Quando pede um doce, o que demanda? Isso que a mãe vai ou não outorgar é pelo doce ou porque é um signo de amor? Pensemos como acontece isso na vida amorosa, por exemplo, quando é dito simplesmente "Há muito tempo que não me dizes se me queres", de que frustração de qual objeto se está falando? Está-se falando estritamente de um dado que diz respeito a um signo do amor, que foi conferido ou não, foi outorgado ou não: presença/ausência, aí está a demanda. Além disso, a demanda é demanda de um amor incondicional, para assinalar o fato que não vai ver-se realizada. Então a demanda tem também essa faceta: o que pede é um irrealizável. Esse é o ponto não muito otimista em que nos deixa a questão. O problemático é se alguém, em função de sua análise, vai se aproximando dessa posição, havendo a possibilidade, então, de ser sempre um ressentido, reclamando que a demanda tem que se cumprir e que a vida desgraçada não permitiu que assim fosse.

Nesse sentido, quando Lacan avança, diz que "A demanda em si refere-se a algo distinto das satisfações por que clama". Esse é um ponto decisivo, para sublinhar em vermelho, para recordar sempre como uma pontuação articuladora maior. Por isso ele havia escrito pouco antes que as "[...] características próprias" da demanda "[...] são eludidas na noção de frustração (que Freud nunca empregou)". Denuncia, assim, o que aconteceu com as traduções que introduziram o termo frustração. Por que esse cuidado com os termos? Porque assim, reiteramos, tão-somente se consideraria a ordem da necessidade, melhor dizendo, a questão de não obter o objeto próprio para a satisfação da necessidade – aí está a frustração. Desse modo, fica liquidada a idéia de demanda, sendo que, antes de Lacan, ninguém percebeu o que implicava a demanda, e tampouco ninguém deu lugar definitivo ao desejo. A psicanálise pós-freudiana excluiu o desejo e traduziu tudo em termos de necessidades, seja alimentícia, seja outra qualquer. Por que não dizer também, ingenuamente, quais são as necessidades da criança, quanto amor tem que receber para não ser patologicamente "frustrada"? Aplicamos o esquema da necessidade e não entendemos coisa nenhuma. Entretanto, surge – exemplarmente – René Spitz[73] e aparecem as quantidades da presença materna, que Lacan, ironicamente, chama de uma pedagogia samaritana, de psicanalistas da *nursery*, dos primeiros cuidados inseridos na puericultura médica. E o que tem a ver isso com a psicanálise? É uma maneira de desviar a psicanálise para uma questão profilática, psico-higiênica, de como "evitar" os transtornos mentais brindando amor. Mas o que quer dizer dar amor? Será a mãe cantar para a criança? Ou pegar a criança em seus braços? Ou estar um mínimo de tempo com seu filho? Ou ter que amamentá-lo tudo o que possa? Ou... Não há como dar as "boas normas"; entretanto, procurar a geração dessa legalidade de tipo superegóico para não frustrar muito a criança tem história na psicanálise. Como exemplo mais ou menos colateral dessa postura surge B. Spock, que, em seu famoso livro, dizia que devemos tratar de não frustrar a criança, pois, se é frustrada, ela fica ressentida e neurotizada.

---

[73] SPITZ, R. A. *El primer año de vida do niño*. Madrid: Aguilar, 1972.

A demanda, então, refere-se a algo distinto das satisfações que reclama. Se reclama satisfações, quer dizer que pode se disfarçar como necessidade. Como havíamos dito no início, necessidade remete à satisfação, e se falo de satisfação remeto à necessidade. Se alguém pode reclamar pelas satisfações elas já são outra coisa, são desviadas, já não são necessidade. Lacan agora vai qualificar: "Ela é demanda de uma presença ou de uma ausência"[74]. Ingenuamente, está muito bem a questão da ausência porque poderíamos dizer que pede pela presença de outra coisa, e não das satisfações que reclama. Mas não se trata disso, visto que a demanda também pede ausência. O fato é que estamos ironizando um pouco com os psicanalistas da *nursery*, da puericultura, porque em geral a questão psico-higiênica, trabalhada por eles, tem a ver com a presença da mãe e praticamente nunca leva em consideração a "recomendação" da sua ausência. De tanto insistirem com as características traumáticas do abandono da criança pela mãe e todo esse lugar-comum, esquecem da condição de se ausentar, de deixar aí um espaço vazio, constitutivo, que em geral é o lugar ocupado pela linguagem. A demanda é demanda de presença *ou de ausência* e isso remete diretamente ao que se manifesta na relação primordial com a mãe.

Ao discorrer sobre o texto, podemos ver que apareceram os três termos – necessidade, demanda, desejo. Desse ponto até o final do Escrito, esses termos vão gerando novas problemáticas. Até agora foram fórmulas relativamente claras, mas a partir daqui aparecem outras articulações e derivações, tornando mais complexa a tarefa de expô-las e explicitá-las. Entre outras questões, a seguir vamos chegar finalmente a um ponto central, que é a questão da diferença dos sexos.

III. As questões do desejo e das diferenças sexuais

A leitura do Escrito *A significação do falo* dá idéia da riqueza do desenvolvimento que Lacan dá ao tema. Evidentemente não é possível esgotá-lo no percurso que nos propomos realizar. Poderia ser um trabalho bem

---

[74] LACAN, J. "A significação do falo". *Op. cit.*, p. 697.

mais extenso, de um ano inteiro na instituição, fazendo pontuações e uma leitura comparada com suas respectivas formulações posteriores. Esse é um momento de Lacan; não é sua última palavra a respeito. Sobre a função fálica, devemos ter sempre como referência o Seminário 20 – *Mais, ainda*[75], quando Lacan consegue ir além do que podemos chamar a lógica fálica, que, evidentemente, no texto que aqui estamos explorando, está como o eixo fundamental, pois tudo está relacionado com a lógica atributiva do falo.

A seguir vamos fundamentar o porquê disso, que não está dito expressamente por Lacan, segundo assinalei. Penso que uma boa maneira é dizer que a problemática geral da significação do falo é a lógica atributiva. Então, por que Lacan se debate com as postulações desse Escrito? É binário, ou bijetivo como dizem os lógicos? É um sistema que tem só duas possibilidades, em que a lógica vai decidir por "verdadeiro ou falso"? Não é o caso aqui. Trata-se da marca da falicização, ou não. Entretanto, o gozo feminino, tal como é introduzido no Seminário *Mais, ainda*, brinda outra perspectiva, que vai além da lógica binária atributiva do falo. Esse é um ponto fundamental, um obstáculo desse Escrito, que é mister assinalar.

Veremos também que temos outros obstáculos; especialmente, a maneira complexa como Lacan joga com as noções de desejo e demanda. São momentos em que sua escrita se torna mais obscura e complexa, com passagens nas quais é preciso deter-se e refletir atentamente para poder definir, do modo mais rigoroso possível, seus alcances e implicações.

No item anterior, detivemos nossa leitura na palavra *Versagung*. Dizíamos, com Lacan, que Freud nunca utilizou a palavra frustração, porque ele utilizou esse outro termo: *Versagung*. É como fazer uma demanda, e a resposta à demanda é dizer não; aí encontramos a *Versagung*. Isso não é a frustração no sentido ingênuo de não ter um objeto da realidade, como em geral se diz da frustração. A psicologia, de alguma maneira, desviou esse termo da teoria freudiana. Em troca, o vocábulo freudiano tem a ver com um ato de fala: trata-se de demandar falando, e o outro poder dizer que sim ou que não. Exatamente aí encontramos um conceito novo de Lacan que se chama demanda.

---

[75] LACAN, J. *Seminário 20: Mais, ainda*. Rio de Janeiro: Jorge Zahar, 1982.

Se o termo demanda é uma novidade introduzida por Lacan, não é assim, evidentemente, com o termo desejo, que é de Freud. Assinalamos anteriormente, um pouco antes de *Versagung*, outro termo, que é *Begehren*. Devemos nos lembrar que esse é um texto redigido – e pronunciado, na correspondente conferência de origem – por Lacan em alemão; daí que tenha tantos assinalamentos, esclarecimentos, pela própria apresentação dos termos. Esse vocábulo, *Begehren*, marca a procedência, segundo havíamos assinalado, das pontuações de Hegel no desígnio lacaniano de ler Freud. Pois bem, esse termo quer dizer desejo, enquanto apetite, enquanto vontade, não só o desejo na estrita acepção freudiana. Para o criador da psicanálise, lembramos que o termo respectivo de preferência era *Wunsch*, o qual, claramente, se liga com o propósito inerente ao mesmo, que radica em seu "cumprimento", o *Wunscherfüllung*. Isso, em geral, é mal traduzido como "realização" do desejo. A realização é do fantasma, que passa assim para a realidade, configurando-a. É nesse sentido que é correto e descritivo, quando nos referimos à maneira como o fantasma é acionado, falar em termos de "realização do fantasma", sendo que, a respeito do desejo, trata-se de cumprimento. O desejo se cumpre nessa formação psíquica especial chamada fantasma, que não vamos ter tempo agora de desenvolver, mas que é uma formação psíquica especialmente detalhada por Freud, segundo terão presente no famoso texto "Uma criança é espancada"[76], entre outros. Cabe salientar que foram Lacan e a sua clínica que valorizaram a consideração do fantasma no desenvolvimento eficiente do processo analítico, não menos que sua finalização.

Mas agora voltemos para a demanda. Esse é o ponto novo, em que, além da biologia e além de Freud, Lacan vai apresentar suas próprias idéias. Tendo presente o que já desenvolvemos sobre desejo e necessidade, relacionados, poderá então tornar-se inteligível nosso ponto de partida, que retoma a última exposição: "A demanda em si refere-se a algo distinto das sa-

---

[76] FREUD, S. "'Uma criança é espancada'.Uma contribuição ao estudo da origem das perversões sexuais". In: Obras Completas. ESB. Rio de Janeiro: Imago, 1976, vol. XVII, p. 223.

tisfações por que clama"[77]. Recordemos: reclama satisfações, mas as satisfações são próprias da necessidade, então já aparece assim um disfarce. Disfarçada, a demanda é de outra coisa distinta do que parece pedir efetivamente. Vamos supor uma criança, com seus famosos pedidos, que repete tenazmente, pede por alguma coisa, um brinquedo, por exemplo; não o faz por uma necessidade. Poderíamos pensar numa necessidade de brincar, ou num pedido por alguma coisa de comer para supor que se trata de uma necessidade. Entretanto, não é satisfação disso; é uma outra coisa. O que é a outra coisa que pede? Esse é o ponto fundamental, segundo já adiantamos.

A demanda é demanda de amor e, sublinha Lacan, se trata de uma demanda incondicional. Como demanda incondicional, quer dizer que não aceita condições. Se não aceita condições, é ilimitada. Quer dizer também que não há maneira de se satisfazer, como a necessidade – essa sim, pode se satisfazer, ainda que não fosse senão de modo momentâneo. Na fome, por exemplo, ao comermos, a tensão da necessidade vai ceder, ainda que volte. A demanda não; ela é ilimitada, é incondicional. Além disso, pede por uma outra coisa, e de maneira incessante. Encontramos aí outro conceito lacaniano: a demanda exige e procura provas; provas de amor.

Sabemos disso pela fenomenologia cotidiana. A respeito dos casais, por exemplo, muitas demandas pelas provas de amor são só verbais: "por que tu não dizes que me queres, faz muito tempo que não me dizes coisas bonitas, por que não me dás um presente, não lembras que hoje é o dia em que nos conhecemos há vinte anos?". A demanda é, nesse sentido, ilimitada, sendo uma exigência sempre presente. Mas é muito claro, para quem pode escutar, que é demanda de amor incondicional, incondicionada.

Lacan apresenta-nos ainda distintas inflexões da demanda. A primeira: "[...] é demanda de uma presença ou de uma ausência"[78]. Sutilmente vai deslocar essa referência e praticamente dizer que é demanda de uma presença. A demanda da ausência, em particular, e segundo minha própria leitura, é a respeito do desejo do Outro.

---

[77] LACAN, J. "A significação do falo". *Op. cit.*, p. 697.

[78] Idem, ibidem.

A angústia para Lacan, especialmente a partir da caracterização formulada em seu *Seminário 10*[79], é a sensação do desejo do Outro, o que tem por pré-requisito o não saber qual é o desejo do Outro que está em jogo. Lacan nos apresenta isso na forma de pergunta – *O que quer o Outro de mim?* – justamente para marcar que não fica claro para o sujeito. Em troca, a demanda de amor exige provas explícitas para lograr seu objetivo. Então, as provas requeridas para saber qual é o desejo do Outro – e, então, não se angustiar ou, em todo caso, sufocar ou atenuar a angústia – são muito distintas das provas comandadas pela demanda de amor. Se não tenho as provas do desejo do Outro, não sei que lugar ocupo para esse Outro e o que quer o Outro de mim. Esse é o ponto mais brutal, o ponto quase da paralisia, devastador, inabilitante, em que funciona a angústia. Para o angustiado, a única resposta – latente, claro – a respeito do que quer o Outro é "me quer completamente" – me quer, por exemplo, liquidar, não no sentido da morte, senão colocando-me no lugar de objeto, e anulando-me, por conseqüência.

Entretanto, não entendamos isso no sentido heideggeriano, como "ser para a morte", mas sim no de liquidação do sujeito como sujeito por meio de sua redução à condição objetal, diz Lacan, isto é, no sentido forte do termo objeto, nas mãos do Outro. Podemos articular com a maneira como ele introduz isso na fobia, porque nela é fundamental a questão marcante do desejo do Outro. As ações do fóbico indicam o desejo prevenido, a cautela, o estudo dos sinais do Outro, o controle, as manobras para procurar deter o "avanço" do Outro.

Voltemos para as provas da demanda, da procura da "satisfação" da demanda que dissemos ser impossível de satisfazer. Temos demanda de presença, por exemplo, que pode ser expressa assim: "temos pouco tempo para compartilhar nossas vidas, tens que estar mais tempo comigo". Qual será esse tempo, como saber seu alcance, seu limite? Mas na verdade qualquer coisa pode ser demandada. Que consegue, com isso, a demanda? Responde Lacan: "É através disso que a demanda anula (*aufhebt*) a particularidade de tudo aquilo que pode ser concedido, transmutando-o em prova de amor

---

[79] LACAN, J. *Seminário 10: A angústia*. Inédito.

[...]"[80]. Assim, qualquer coisa pode valer, não há uma particularidade, uma especificidade; pode, então, deslizar indefinidamente, e a demanda lograr encarnar-se no que quer que seja. A particularidade é, assim, praticamente abolida.

Resgatamos aqui, mais uma vez, o termo alemão muito decisivo no sistema de Hegel e que Freud também utiliza no texto *Die Verneinung – A denegação*[81]: trata-se da palavra *Aufhebung*, que aqui aparece, mediante a conjugação do verbo de procedência, como a mencionada *aufhebt*. Contudo, resulta parcial a tradução escolhida pelo próprio Lacan, pois sua opção pelo termo francês *annule* dá conta de uma só das vertentes necessárias para verter o vocábulo alemão: com efeito, *Aufhebung* quer dizer, por sua vez, anular e conservar. É um paradoxo: não é só anular no sentido de apagar, de desaparecimento, senão que também conserva. Uma superação conservadora[82] não é uma anulação liquidante. Nesse sentido, conserva paradoxalmente a particularidade, esse é o ponto. No momento de fazer a demanda, perde-se a particularidade, porque tudo é possível demandar, no sentido da incondicionalidade da demanda. Mas conserva, apesar disso, "[...] a particularidade de tudo aquilo que pode ser concedido [...][83], pois a demanda implica um conceder ou um não conceder.

Então, quem vai conceder ou não vai conceder é a mãe, o Outro primordial. Outra maneira de chamar a mãe, em termos lacanianos, é Outro primordial, que pode dar ou pode não dar, tem o poder de privar, de dizer não. Por isso dizemos que *Versagung* tem a ver com o fato da verbalização. Qual é a relação entre o amor e o dar? Aí encontramos a já clássica definição do amor formulada por Lacan: é "dar o que não se tem". Por que não se tem? Porque o falo, enquanto ausente, enquanto significante, marca sua impossibilidade de ser cedido.

O amor não tem uma concreção efetiva; tem a ver com outorgar a prova de amor, a que, como podemos apreciar, é sempre de tipo substitutivo.

---

80 LACAN, J. "A significação do falo". *Op. cit.*, p. 698.

81 FREUD, S. "A negativa". In: *Op. cit.*, vol. XIX, pp. 295-300.

82 HEGEL, G. W. F. *Fenomenologia do espírito*. Os pensadores. São Paulo: Ed. Nova Cultural, 1997, p. 350.

83 LACAN, J. "A significação do falo". *Op. cit.*, p. 698. As citações a seguir referem-se a essa mesma página do texto.

Por isso, nunca estamos demasiado tranqüilos a respeito das provas de amor; com efeito, algo não se deu, nem se recebeu. Só que não se pode dar, nem se pode receber, na medida em que não se o tem, nem se o é. Em resumo, não sabemos qual é a prova de amor. Nesse sentido, é mais um paradoxo dizer "dar o que não se tem", visto que não é uma concreção. Poderá alcançar uma concreção, "encarnar-se" em algo concreto, mas finalmente o paradoxo persiste. Aí está o ponto fundamental das críticas de Lacan a muitos analistas franceses dessa época – só dessa época? – que formulavam uma colocação quase religiosa, centrada nas virtudes do dom, do dar, de dar para outro, de fazer concessões, de fazer o bem para os outros. O que Lacan mostra é que se trata do fantasma da senhora da beneficência: é um fantasma profundamente agressivo, depreciativo, degradante para o outro. Nesse caso, a suposição de dar é dar o que se tem; daí que não seja amoroso e que gere uma surpreendente moléstia no recebedor, presumido como "beneficiário". Em troca, o amor é dar o que não se tem; por isso, a prova de amor é de outra ordem. Conforme a situação própria da beneficência, quem dá sugere o seguinte: "vou te dar isso porque tu necessitas, mas para mim é lixo". Aí está o que é chamado ironicamente, por Lacan, de oblatividade: dar óbulo, isso é, dar um presente que, para a pessoa que dá, é algo que pode ir para o lixo, esse lugar de escória, que não é o resto, pois não se recicla, não gera nada. É nesse sentido que não soa como uma condição de bondade, mas o contrário.

Eis aí, em resumo, a questão do dom. É muito comum a crença de que, no amor, temos que nos entregar, dar o que temos, fazer uma renúncia, inclusive um sacrifício pelo outro. Essa concepção idealizante e lírica forclui a dimensão narcísica em jogo no amor, sendo para isso, precisamente, que Lacan chama atenção. Devemos ter presente que amar é procurar ser amado; com efeito, fazemos essa volta para que o amor retorne para nós. Daí que ele vai dizer, sobre o amor, que este é sempre enganoso, porque, de fato, amar é procurar ser amado. Desse modo, desacredita também a diferença entre o amor verdadeiro e o amor enganoso. O engano é, por conseqüência, próprio do amor. Daí essa ironia, paradoxal, ao dizer que o amor é dar o que não se tem. Isso é mais condizente clinicamente, pois o mais verdadeiro é dar o que não se tem. Insisto, se damos o que temos, damos um resíduo, isso é, o que vai para o lixo. Por isso as queixas acerca da oblatividade, por exemplo, no que se refere à empregada doméstica: "Com todas as coisas que dei para ela, agora essa é a maneira como me trata, não tem gratidão. Agora me paga com essa moeda". Em lugar de gerar a gratidão, gera ódio. Exatamente essa moeda é a própria mensagem da oblatividade, que aparece sob a forma de uma traição, ou uma passagem ao ato violenta, algum roubo, por exemplo, como conseqüência do que implica esse ato supostamente amoroso. Reafirmamos, então, que a demanda é localizada e que tem a ver especialmente com a questão do amor.

Prosseguindo, Lacan retorna à questão: "Há, portanto, uma necessidade de que a particularidade, assim abolida, reapareça *para-além* da demanda". Agora, Lacan está tratando da necessidade lógica, *nécessité*, distinta, portanto – como assinalamos –, da necessidade no sentido biológico. A demanda então, por um lado, dá por abolida a particularidade; porém esta deve subsistir aos efeitos de poder ser articulável. Esse é o sentido equívoco da demanda, sentido que aparece em uma ida e volta.

Na seqüência do texto encontramos em seguida: "[...] a potência da pura perda surge do resíduo de uma obliteração". São frases, cada uma delas, que requerem um trabalho árduo para procurar desdobrar o que querem dizer. O que é o poder da pura perda, qual é a perda fundamental que tem a ver com o fato de sermos seres falantes? É a perda da "naturalidade" para cada um de nós. É assim que Lacan vai chamar, nesse momento, o recalque primário. O recalque primário é a perda das necessidades biológicas, enquanto biológicas, naturais. Essa perda é irreversível pelo fato de falar, que introduz o que ele chama de uma *béance*, uma quebra definitiva, uma fenda que não tem maneira de se fechar. Essa quebra faz com que sejamos "vítimas" do recalque primário. Mas depois há o recalque secundário, que não vai ter as mesmas conotações que tem para Freud. Lacan faz uma releitura dos termos freudianos:

Recalque primário (*Urverdrängung*) – da natureza;
Recalque secundário (*Verdrängung*) – resíduo.

A pura perda é, então, a perda da naturalidade, enquanto que o poder da pura perda surge do resíduo – alguma coisa resta disso, alguma coisa permanece – de uma obliteração. Obliteração quer dizer fechamento. Fechamos a questão da necessidade por estar perdida, mas não é uma obliteração absoluta; algo retorna, e o que retorna dali é o desejo. Não fica apagada por completo, aparece uma coisa desviada e oculta. Poderíamos supor, então, que fica um pouco dessa naturalidade, mas já não é naturalidade. Isso que volta como resíduo é por uma junção entre corpo e linguagem. Já não temos um corpo biológico, natural, e sim um corpo que é invadido, "parasitado" pela linguagem.

Só o que resta de puro é a pura perda, e o retorno já não é um retorno do mesmo, do idêntico. A necessidade vem sempre mediada pela linguagem. E, finalmente, se "temos" um inconsciente é pelo fato de falar. A fala e a perda, resíduo de uma obliteração, são as marcas de nossa constituição. Essa obliteração gera o desejo. Porém a prova de amor, onde se inscreve a demanda, tem uma rebeldia. Vou ler literalmente: "Ao incondicionado da demanda, o desejo substitui a condição 'absoluta': essa condição desenlaça, com efeito, o que a prova de amor tem de rebelde ante a satisfação de uma necessidade". Essa afirmação nos reenvia, praticamente, ao nosso ponto de partida, ao par necessidade-demanda. Efetivamente, poderíamos pensar que a prova de amor, própria da demanda, é "rebelde" porque a necessidade vai se satisfazer e a demanda não. Mas não é isso; trata-se de outra coisa. Remetemo-nos aqui à fórmula clássica, que muitos manuais lacanianos repetem uma e outra vez, e vamos ler pontualmente, com fins de incluir a outra dimensão: a do desejo. Então: "É assim que o desejo não é o apetite da satisfação, nem a demanda do amor, mas a diferença que resulta da subtração do primeiro à segunda, o próprio fenômeno de sua fenda (*refente, Spaltung*)". Fazendo um esquema gráfico elementar, poderíamos representar o desenvolvimento dessa maneira:

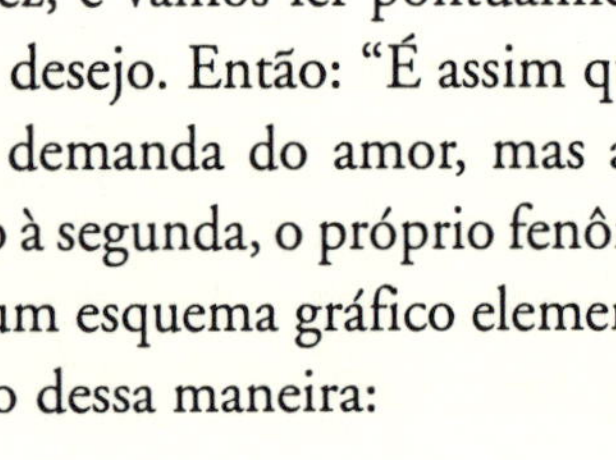

Nisso, que seria a necessidade inicial, pelo fato de falar, vai ocorrer uma bifurcação: de um lado a demanda e do outro o desejo. Há outra possibilidade de pensar isso, que é a partir da *Teoria do caos*, o que implica que, quando o sistema começa a entrar em turbulência, começa a se movimentar de maneira violenta, a sofrer oscilações muito marcantes, ocorre uma mudança em sua posição inicial; não se quebra, não há desaparição do mesmo, mas dá lugar a outra coisa, o que é possível porque houve uma bifurcação. Por outro lado, essa mudança, tal como a postula também essa concepção, é de tipo irreversível, sem admitir uma marcha atrás. É outra maneira de conceber essa trilogia entre necessidade, demanda e desejo. Também podemos entender que, por haver ali uma cisão, o desejo aparece como resto – resto no sentido matemático: estou fazendo uma subtração de dois números, por exemplo, 5 menos 3, em que o resto é 2. Isso está dizendo que o desejo tem um lugar terceiro, havendo assim uma questão lógica e não cronológica.

O desejo em Freud, portanto, tem uma leitura muito distinta da maneira lacaniana de apresentar o conceito. O desejo para Freud – vamos reiterá-lo – é procurar reconstituir a vivência de satisfação. É um voltar, no aparelho psíquico, para procurar uma revivescência nostálgica de um passado prazeroso. O modelo freudiano está relacionado especialmente com o que acontecia entre uma criança e o peito materno, com o leite, melhor dizendo. É procurar a satisfação oral, mais no nível biológico. Lacan nesse sentido vai além de Freud, introduzindo um ponto fundamental: o falo como organizador central da sexualidade; portanto, já não é mais como estádio libidinal, como está postulado por Freud, que o fálico chega somente ao terceiro estádio – oral, anal, fálico. O fato de que, para Lacan, o falo é o organizador central, decisivo, portanto presente desde o início, nos diz, então, que a concepção dos estádios já não se sustenta como se sustentava para K. Abraham e também para Freud.

Então, o que interessa no prosseguimento do texto é como nem a necessidade nem a demanda logram dar conta, por si sós, do suceder da relação erótica, em que o falo cumpre uma função nodal. Por isso, seguindo linearmente a leitura, aparecem questões vinculadas ao sexo, ao que até agora Lacan não tinha feito uma referência direta, explícita. A chamada "relação sexual" vai ser o tema central, praticamente daqui até o final do texto, mas é evidente que ele ainda não a concebe como vamos encontrar no *Seminário 20*, quando apresenta o famoso aforismo que penso que conhecem: "Não há relação sexual"[84] (o que começa já a ser avançado em 1969). Não existe a relação sexual, no sentido de encaixe de um sexo com o outro. Aqui, evidentemente, ele ainda não chegou a essa formulação, mas insiste, marcando as ligações e as defasagens vigentes entre o desejo e o sexo. Volta a falar aqui em sexo num sentido mais vinculado com o coito, e não no sentido do desejo oral, à maneira freudiana. É um ponto importante, pois está enfocando exatamente a relação sexual.

Nesse Escrito Lacan utiliza o vocábulo *relation*, enquanto na concepção ulterior utilizou *rapport*. Se bem que, tanto em espanhol como em português, ambos os vocábulos podem ser vertidos como "relação", resulta que *rapport* guarda um significado mais próximo à matemática, já que também conota "proporção". Desde já, esse último aponta para as chamadas fórmulas da sexuação, em que o apoio lógico-matemático resulta notório. Desde já, não é o caso do Escrito que nos ocupa, em que o termo é utilizado, a meu juízo, de maneira mais descritiva. Nessa ordem, o que ele vai sublinhar, precisamente, é que, "[...] no que tange a cada um dos parceiros (*partenaires*) da relação, não é suficiente ser sujeitos da necessidade nem objetos do amor, mas têm que sustentar o lugar de causa do desejo"[85]. Lacan utiliza esse sintagma, "causa do desejo", depois desse Escrito, para falar do objeto *a*, que é caracterizado, precisamente, como "objeto causa do desejo". Aqui coloca a mencionada condição "absoluta" do desejo – alternativa do "incondicionado" da demanda – que deve ser "cumprida" por cada um dos *partenaires* de um casal: com efeito, cada um deles deve ocupar o lugar de causa do desejo do outro. Se periodizamos o ensino de Lacan, nesse momento isso ainda é uma intuição aproximativa sobre o que logo será o objeto *a*, ainda não inventado. Esse objeto é o objeto pulsional, esse pedaço caído de cada um de nós enquanto operatória insubstituível para constituir-nos, esse que não tem a medida comum de poder deslizar, enquanto ausência efetiva, tal como acontece com o falo. Ao contrário, o falo é como uma medida comum, daí que dizíamos a lógica fálica: uma medida comum, ter ou não ter, ser ou não ser, porém sempre em referência ao falo. O

---

[84] LACAN, J. *Seminário 20: Mais, ainda*. Rio de Janeiro: Jorge Zahar, 1982, pp. 70-86.
[85] LACAN, J. "A significação do falo". *Op. cit.*, p. 698.

referente é o falo enquanto significante; com o objeto *a* não é o caso. Todavia, faz-se de freio para o significante, "lastra"-o, detendo, então, sua deriva.

Entretanto, isso que cai do corpo como objeto *a*, como perdido, objeto causa do desejo, não pode ser confundido com o que Lacan denominou de a "pura perda" nesse Escrito. Nesse momento de Lacan, a pura perda é a perda da natureza, da naturalidade, da biologia, da necessidade.

Mas há uma volta a mais nessa questão. O objeto *a*, do qual temos que nos separar para nos constituir, não é pura perda, mas também está perdido. Está perdido para sempre, e, salientamos, se não se perde, o sujeito fica identificado com a condição do objeto. Tem que se soltar, se desprender, cair. Se não for assim, o sujeito fica numa situação perigosa, de poder se identificar com esse objeto, e cair ele próprio, à maneira suicida, por exemplo, já que esse é o destino do objeto *a*: cair, ser cadente. Esse objeto, portanto, tem que ser expulso. No sentido da pura perda, por sua vez, está a questão da linguagem, da fala. Muitas vezes Lacan diz – de modo metafórico – que esse é nosso pecado original, como se caísse sobre nós. Somos pegos pela linguagem, reduzidos por ela e não temos outro remédio que não esse para entrar no que significa a possibilidade da cultura. É como uma ameaça que vai cair sobre o sujeito, não lhe deixando nenhuma outra possibilidade. Com o objeto *a* é distinto.

Do ponto de vista da cronologia, assinalamos especialmente o *Seminário 10, A angústia* como um dos principais lugares onde podemos seguir sua elaboração central sobre o objeto *a*. Ainda nesse Seminário, é importante sublinhar, o falo aparece como objeto *a*, sendo que no Seminário seguinte, o clássico *Os quatro conceitos...*[86], o falo já é situado de maneira diferencial, quando a distinção entre o falo e o objeto *a* já está produzida efetivamente. Assim, o objeto *a* conformará a face objetal do significante fálico. Então, no *Seminário 11*, já se pode localizar o famoso quarteto dos objetos: o seio, as fezes, o olhar e a voz.

É sempre importante fazer a periodização do ensino de Lacan; em tal ordem, torna-se imprescindível também refletir sobre quais são as insuficiências desse, por certo notável, Escrito. No que diz respeito à causa do

[86] LACAN, J. *Seminário 11: Os quatro conceitos fundamentais da psicanálise*. Rio de Janeiro: Jorge Zahar, 1979.

desejo, Lacan tem aqui, então, uma concepção mais simples, em que se privilegia um tipo de reciprocidade; num casal, cada *partenaire* faz função de causa do desejo para o outro. Não é objeto do amor, não é sujeito da necessidade. Objeto do amor articula-se à demanda; necessidade articula-se à satisfação. O *partenaire,* então, se encontra como causa do desejo, gerando o desejo do outro *partenaire* da *relation sexuelle.*

Vamos então reivindicar uma questão relevante, depois de haver desdobrado – assim entendo – os pontos mais fortes das disjunções que pretendia introduzir com referência a Freud. Trata-se do seguinte: o lugar do Outro também resulta ser uma noção de extremada importância neste, e isso se detecta na famosa vivência de satisfação. A criança grita, chora e o outro – o Outro falando nele – diz: "a criança tem fome, por isso está chorando". Ninguém sabe se é assim ou não, pois não temos a passagem pela fala. Daí o alívio dos pais quando a criança já fala e pode dizer o que lhe acontece, se sente dor, se tem fome, e assim por diante. Enquanto isso não acontece, são atribuições que seguem uma classificação dada pelas singularidades das mães, por exemplo, dos tipos de choro: se chorar forte tem fome, se chorar fraquinho quer dizer doença; talvez problemas intestinais. Essa classificação é um código de atribuições. Esse código passa a ser incorporado e confirmado, pois, cada vez que acontece tal coisa, é "confirmado", por exemplo, que era um choro de fome. Entretanto, estamos diante da clássica questão do ovo ou da galinha: isso é assim? Ou justamente é assim porque foi induzido pelo Outro, visto que é uma atribuição? O que fica evidente é que sempre o Outro da demanda é que tem que satisfazer a criança.

Vamos todavia, destacar – antes de prosseguir – outro ponto, devido aos mal-entendidos suscitados a seu respeito. Trata-se de que a demanda de amor é de presença absoluta, enquanto que as provas do desejo do Outro referem-se a procurar a ausência do Outro enquanto plenitude consistente. Não é, portanto, a onipresença do desejo do Outro, pois, se há onipresença, não deixa lugar para o próprio desejo. Aonde vou com essa recapitulação? Ao fato de que, muitas vezes, aparece uma deformação no sentido de afirmar a idéia de que um sujeito não suporta a ausência, rejeitando por conseqüência a falta, sem especificar de qual se trata. Esses clichês, escutados freqüentemente, ignoram um ensino lacaniano muito importante, que nos diz exatamente o contrário. Certamente, a prova do desejo do Outro pede por uma ausência no Outro. Dito de outra forma, o desejo do Outro, para Lacan, quer dizer castração, o que também implica uma oscilação desse desejo, ou seja, uma presença e uma ausência pendulares. Se o Outro tem desejo, tem falta; essa falta é castração, por isso deseja. Mas, se deseja "a minha pessoa", vai me anular. Para ser mais rigoroso, "desejar a minha pessoa" remete ao falo, porque esse é o liame inicial entre o Outro primordial e a criança enquanto falo: mãe fálica, narcisismo primário. Daí que o falo esteja presente no momento da oralidade também. Portanto, não é somente oralidade, enquanto uma predisposição apoiada na necessidade, senão também o valor fálico que tem a criança para o Outro primordial. Essa é a concepção freudiana situável, como dizíamos, nos textos "A sexualidade feminina" e "Feminilidade". São exatamente essas idéias que Lacan toma para marcar como o falo organiza, desde o início, as trocas entre a criança e o Outro primordial.

Vamos nos ocupar agora de uma outra definição do falo. Havíamos visto que o falo é "[...] um significante cuja função na economia intrasubjetiva da análise levanta, quem sabe, o véu daquilo que ele mantinha nos mistérios. Pois ele é o significante destinado a designar, em seu conjunto, os efeitos do significado [...]"[87]. Essa é a prévia. Agora temos mais uma: "O falo é o significante privilegiado dessa marca onde a parte do *logos* se conjuga com o advento do desejo"[88]. Outro aforismo. Muitas das colocações que Lacan faz são praticamente aforismos, extremamente condensados. "Significante privilegiado de uma marca", em geral, remete a marcas corporais em que a parte do *logos,* isto é, da linguagem, do discurso, vem se unir ao surgimento do desejo.

O *logos* é a linguagem, o discurso, o relato, a razão (proporção); pois bem, tudo isso se articula novamente em uma das duas palavras finais do texto. Concretamente: ali, no final, reaparece o *logos* – desta vez Escrito com caracteres gregos – pareado com *nous*, "inteligência, intelecto, espíri-

---

[87] LACAN, J. "A significação do falo". *Op. cit.*, p. 697.

[88] Idem, p. 699.

to"[89]. Ao apresentar esses dois termos no parágrafo final, podemos dizer que ele convoca os antigos pré-socráticos; quiçá, Anaxágoras (*nous*) e Heráclito (*logos*). Mas agora – voltando – refere-se só ao *logos*: palavra, linguagem, discurso.

Onde vai se centrar esse discurso, onde está a marca? No falo. Mas ele vai se referir ao real da copulação sexual, vai apoiar o falo na copulação sexual. Nessa articulação, o falo não é só um significante conjeturado, Lacan vai "olhar" o que acontece na copulação sexual (heterossexual, em particular). E o faz desse modo: "Pode-se dizer que esse significante foi escolhido como o mais saliente do que se pode captar no real da copulação sexual [...]"[90]. Vamos trocar o real aqui por realidade, pois Lacan não tinha produzido ainda sua postulação mais rica, mais plena, do Real. Aqui, por seu lado, a divisória entre Real e realidade – a meu juízo – ainda não havia sido alcançada plenamente. É importante a questão da "copulação", porque, além da copulação sexual na realidade, ele vai jogar também com a idéia da cópula lógica. É Lacan quem nos oferece a idéia de pensar isso logicamente. A cópula lógica é o verbo. Qualquer frase, enquanto juízo, tem sujeito, atribuição e a cópula, que permitem fazer uma atribuição de um sujeito, ao modo de "S é P". O "é", precisamente, é a cópula lógica: sujeito-cópula-atribuição.

É interessante que nos dois casos estamos fazendo um liame; na relação sexual, também acontece um liame. O que se destaca na relação sexual, o que é privilegiado? Recordemos que o falo não é o órgão que simboliza. Então, tomando os três registros, vamos ver como Lacan vai colocar em cada um deles uma referência, para dizer por que o falo é um significante privilegiado, se captamos o que acontece na relação sexual. No real – isso é, na realidade –, ao pensarmos no que mais se destaca ao olhar na relação sexual, por ter uma presença evidente, temos em mente um pênis em ereção. Por isso, vamos ver como o significável do sexo aparece condensado no falo, aqui um "falo real". Esta expressão, "falo real", aparece mais adiante, e a reencontramos também em outros desenvolvimentos de Lacan. Aqui o

---

[89] Idem, p. 703.

[90] Idem, p. 699. As citações a seguir referem-se a essa mesma página do texto.

falo se recorta como um significante que se destaca ante o escópico.

Além disso, Lacan diz: "[...] como também o mais simbólico no sentido literal (tipográfico) desse termo, já que ele equivale aí à cópula (lógica)". A cópula lógica unifica, não só na lógica, mas também na gramática, articulando sujeito e predicado. O que Lacan procura transmitir em seu ensino é chamado, pela lógica, como conjunção. E a conjunção, casualmente, se escreve assim: ∧. É também semelhante a um pênis ereto. Ele aproveita muitas vezes esse símbolo da conjunção, assim como esse outro, que é o da disjunção: ∨, que é a abreviatura da palavra *vel*: ou uma coisa *ou* outra. Na conjunção é uma coisa *e* outra. Assim:

- Conjunção – ∧ (pênis ereto) – uma coisa *e* outra;
- Disjunção – ∨ (vel) – ou uma coisa *ou* outra.

Jogando com a palavra cópula, a maneira tipográfica de escrever a cópula lógica é essa: ∧. Então, não é só um símbolo tipográfico, porque tem também uma imagem. Podemos identificar a semelhança entre ∧ e o pênis ereto. Desse modo, a presença simbólica pela qual o falo se destaca no real, ou seja, na realidade, tipograficamente é uma conjunção.

E, como terceiro ponto, como terceiro registro, assevera o seguinte: "Pode-se dizer também que, por sua turgidez, ele é a imagem do fluxo vital na medida em que ele passa na geração". Turgidez remete a ereto, mais uma vez, e agora está se referindo ao fluxo vital, ao sêmen, que permite fazer gerações, gerar filhos para prosseguir a vida na terra dos *homo sapiens*. Temos então o destacado, o sobressalente do pênis ereto no "real" do coito, a escrita tipográfica copulativa, conjuntiva, que se assemelha à representação desenhada – simbólica – do pênis ereto e, finalmente, a imagem do fluxo vital, isto é, o seminal, que permite a um homem inseminar uma mulher, o que também se desprende do conotado pela turgidez peniana. Dizíamos anteriormente que pensávamos que o texto de Lacan fala das relações heterossexuais, porque isso não acontece numa relação homossexual, pois aí há um corte para as gerações. Atualmente um homem não pode gerar um filho – isso vai acontecer sem dúvida, se prosseguirem os despropósitos da ciência, mas até o tempo presente é uma questão das mulheres. Isso que agora não é possível, pelas conformações do Real dos corpos de cada um dos sexos, remete às antigas aspirações de refazer os sexos.

Façamos uma recapitulação parcial para poder continuar. Estamos o tempo todo trabalhando com a idéia do que é gerado pelo falo. Assim, este, enquanto significante privilegiado, logra ressaltar o significado do significável, daí sua *Bedeutung*, entendida como importância. Nesse sentido, de acordo com essa função, o falo desvela, ressalta, remarca; faliciza, como havíamos dito. Bem, vamos encontrar ainda que "O falo é o significante dessa própria *Aufhebung*" – vocábulo que conhecemos – "que ele inaugura (inicia) por seu desaparecimento". O significante então está velado. Já assinalamos que estão em jogo os três registros diferenciais, que se manifestam, então, em função de uma apreensão praticamente evidente. De outro modo, o assinalado agora aponta a outra cara da *Aufhebung*: a do ocultamento, a da desaparição, a do escamoteio da imagem.

Para situarmos melhor essa argumentação, recordemos que Freud apresenta três defesas contra o incesto: a vergonha, o asco e a culpa. O interessante é como, nesse contexto, Lacan articula o pudor; antes que a vergonha, tão próxima nocionalmente do mesmo. Os neuróticos têm pudor; portanto, há coisas que não se pode desvelar, não se pode falar. Os perversos, inversamente, são impudicos. Sabemos como os neuróticos, em geral, idealizam os perversos pela sua impudicícia, sua maneira de dizer presumivelmente tudo, de não ter efetivamente pudor: "tudo é possível", tudo pode ser dito, tudo pode ser feito, não há inibições. Em geral, quando um neurótico se apavora, um perverso se joga na situação. Não se trata de contrafobia, como poderíamos dizer de maneira quase fenomênica, é o seu liame com a impudicícia. Dito de outra maneira, o falo neles desvela, tira o véu do que os neuróticos procuram manter sempre na reserva, no silêncio, no dizer as coisas a meias, de estar prevenidos, precavidos. Daí que a fobia seja tão central para a neurose. É organizadora através da fuga evitadora; assim, previne de ter que estar o tempo todo procurando fazer um estudo do Outro, de procurar a confrontação com o desejo do Outro, de indagar pelas provas do desejo do Outro, para ver qual é o seu campo e quais as possibilidades de seus movimentos no espaço. Enquanto o perverso simplesmente arrasa, se desamarra, vai para frente, literalmente passa por cima, o que acontece com o neurótico? Tem angústia da castração. Aparentemente, o perverso estaria além da angústia da castração. Podemos pensar isso também no caso de um homem neurótico, por exemplo, não necessariamente fóbico, que tem o que se chama pânico homossexual, em que tem que ter cuidado para não cair nas situações sociais de hipotética submissão que, para ele, implicam um sinal "claro" de homossexualidade, de perda de sua virilidade devida à insuportável passividade e inermidade da situação em que se tenha implicado. Evidentemente não encontramos essa problemática no perverso. Inversamente: aí onde o neurótico foge, o perverso vai levantar o véu.

Essa idéia do véu articula-se com o que Lacan chama precisamente o demônio, *démon*, do pudor, *Scham*. O neurótico faz a conversão do véu em uma barra. A conseqüência é o sujeito barrado; quando um sujeito sente pudor, como diz Lacan, é uma maneira de padecer a experiência da barra. Sente-se incômodo na própria pele. Trata-se do fenômeno da divisão do sujeito e aí está a presença franca dos efeitos do desejo. Sujeito então dividido, barrado.

Sobre isso Lacan apresenta um aforismo complexo, que vou ler linha a linha: "Ele" – o falo –"se torna então a barra que, pela mão desse demônio cunha o significado [...]". Podemos entender isso diretamente como o significado está cunhado, e o sujeito não é unitário. Mas, prosseguindo a leitura, temos o seguinte: "[...] marcando-o com a progenitura bastarda da sua concatenação significante". Aqui encontramos uma série de pressupostos e vamos procurar desprender alguns deles. Os bastardos na aristocracia têm uma barra no seu escudo de armas, uma barra cruzada. Lacan está fazendo referência ao $, ao sujeito barrado, e temos assim a questão de uma bastardia definitiva. A progenitura bastarda não diz respeito só à ilegalidade. Com efeito, um bastardo não só está fora das normas e das leis, mas sua condição denota também que os pais têm desigualdades entre si, que são desigualdades sociais, históricas, de classe, de procedência. A metáfora aqui em jogo tem a ver – no meu entender – com o liame entre o corpo e o significante. A progenitura, o que dá lugar à possibilidade de surgir o sujeito barrado, é o liame desigual entre o casal corpo/significante – e o significante, claro, em sua condição de encadeado, de "concatenado" com firmeza.

No casal corpo/significante, evidentemente o significante é "de classe social superior". O que o significante abarca é muito maior do que pode fazer o corpo, ficando a necessidade como subordinada, em segundo lugar.

Essa é a progenitura bastarda. Nesse sentido, cada um de nós é bastardo, pois não se trata de uma categoria da qual alguém pode ficar de fora, superar. A progenitura bastarda é o próprio de cada um de nós, na medida em que a barra é o que vem em sucessão ao véu. Esse sujeito que somos cada um de nós é pudoroso, neuroticamente pudico.

Retomando a questão da barra, é o falo, o significante fálico, que barra o sujeito. E com relação ao corpo o significante fálico tem mais incidência, visto não ser uma relação de ida e volta, de equivalência, de eqüipolência. Que abarca, que implica o pudor? Quais são seus limites? Ainda que seja variável para cada um, em geral trata-se, em sua conseqüência estagnada, da formação chamada por Freud de inibição, desenvolvida em *Inibição, sintoma e angústia*[91]. A inibição tem como referente, explícito ou não, o pudor. Temos aí o sujeito dividido, barrado, no sentido de que caiu por cima dele a barra, isso é, o significante fálico.

Com relação ao recalque, o significante fálico não o produz diretamente, mas o organiza, na medida em que fica sob o véu, mas retorna. Também no que diz respeito ao recalque e ao retorno do recalcado, ele organiza o "conjunto" do Simbólico. Nesse ponto, podemos assinalar que o que se passa com o objeto *a* é distinto, pois não retorna à maneira do retorno do recalcado. É um outro tipo de retorno. Se retornar, cai por cima do sujeito, ou o sujeito o "envia para outro" (enquanto representante do Outro). Sai do sujeito para outro, por exemplo, no olhar: um olhar de censura para o outro, que pode ficar paralisado. Há, assim, uma outra dinâmica em jogo com o objeto *a*, que não é a do recalque e do retorno do recalcado. Há outro tipo de retorno e outro tipo de conseqüências. Por ser diferente do recalque, não há formação do inconsciente a respeito do objeto *a*. Daí a invenção de Juan-David Nasio, quando denomina de "formações do objeto *a*"[92] essa outra dinâmica que não tem a ver e não depende das formações do inconsciente. Estamos em outro registro, com outras conseqüências clínicas, em cuja explicitação não podemos deter-nos agora.

---

[91] FREUD, S. "Inibição, sintoma e angústia". In: Op. cit, vol. XX, pp. 95-198.

[92] NASIO, J.-D. *Os olhos de Laura. O conceito de objeto* a *na teoria de Lacan*. Porto Alegre: Artes Médicas, 1991.

Poderíamos dizer, contudo, que os textos fundacionais da psicanálise são sobre o recalque e o retorno do recalcado: os sonhos, a psicopatologia da vida cotidiana, o chiste. Sem embargo, muitos exemplos de Freud vão além do recalque. Por exemplo, quando fala das torpezas, dos atos sintomáticos e casuais, está falando da presença de um corpo (objeto) que cai, muitas vezes, por um ato torpe. Inclusive, muitos perdem a vida pelas torpezas, em verdadeiros suicídios "semi-intencionais", em que detectamos a identificação com o objeto *a*. Com nossas categorias lacanianas poderemos apreender outra vertente, que vai além do que Freud se propõe a transmitir manifestamente nesses textos. Mas para ele são ensinos atinentes às formações do inconsciente. Claro, recordando, por outro lado, que essa denominação é de Lacan, e não de Freud.

A seguir, Lacan vai se centrar no ser: "[...] o sujeito só designa seu ser ao barrar tudo aquilo que ele significa [...]"[93]. Por que o ser? Comecemos a definir pela negativa: não é o ser da metafísica, tampouco é o ser "existencial" do *Ser e tempo*[94] heideggeriano. É um ser incapaz de designar-se ao modo de um fechamento solipsista, porquanto requer do significável por ele, para ser... barrado. Tudo o que significa, enquanto barrado, quer dizer que entre seu significável nada tem privilégio especial; tudo é igualmente barrado. Então, em função da demanda o sujeito procura ser amado por si mesmo, pelo fato de existir. A culminação mítica da demanda é isso, exatamente como acontece com uma criança que quer ser amada somente porque existe.

Pois bem, Lacan assinala que essa circunstância, como aspiração do falante, permanece irredutível. A demanda de amor é irredutível, na medida em que o sujeito sempre quer ser amado por si mesmo; não por uma coisa que tenha ou deixe de ter, mas por existir. Assim o texto o ratifica: "[...] como se evidencia nele, quer ser amado por ele mesmo [...]"[95].

Lembremos que o ser é uma categoria freudiana; efetivamente, o criador da psicanálise conceituou a contraposição vigente entre o ser e o ter, estudada especialmente por Freud a respeito da identificação e da escolha

[93] LACAN, J. "A significação do falo". *Op. cit.*, p. 700.
[94] HEIDEGGER, M. *Ser e tempo*. Petrópolis: Vozes, 1997.
[95] LACAN, J. "A significação do falo". *Op. cit.*, p. 700.

de objeto. Por exemplo, o que é enfrentado no luto ante a perda é sempre esse jogo entre ser e ter. Assim, se não pode ter o objeto, porque esse desapareceu para sempre, então o sujeito passa a ser esse objeto. O sujeito introjeta o objeto, transforma-se nele, recriando em si o objeto, como maneira de lutar contra a perda, de afastá-la.

Mas Lacan adota outra vertente para dar conta de uma dinâmica tão-só semelhante à citada previamente. Assim: "Se o desejo da mãe *é*" no sentido de *ter* – e é Lacan quem coloca isso em destaque – "o falo, a criança quer ser o falo para satisfazê-lo"[96]. O ponto de partida é freudiano, mas não é só isso que encontramos pontualmente em Lacan. Ele parte das conseqüências na criança, o que Freud não fez. O desenvolvimento freudiano enfoca que a mãe, procurando ter um filho, encontra então a equivalência entre o falo e o filho. A conseqüência disso na criança é o que Lacan assinala: procurar ser o que o Outro pede que seja; assim o Outro (o) tem. Trata-se de uma diferença importante, e a entendemos como indo não contra, mas além de Freud, dando essa volta que faltava.

A questão, então, é como sair dessa identificação em que o sujeito quer ser amado por si mesmo, poder sair desse espelhismo (*mirage*), o que efetivamente nunca vai ser satisfeito. Como sempre acontece, de uma maneira ou outra, algumas das exigências, explícitas ou não, dirigidas ao filho vão gerar uma decepção. Qual é a decepção? É – em uma de suas vertentes – a quebra dessa identificação com o falo por parte do filho. Para Lacan, é particularmente a mãe que introduz a equivalência onde o falo aparece para preencher uma – a sua – falta. A conseqüência disso, para a criança, é ficar capturada nessa identificação até conseguir a decepção de seus pais.

Em função do que acontece na clínica psicanalítica, trabalhamos – sabemos – com base em uma epistemologia do efeito, ou seja, depois do acontecido, podemos reconstruir as condições de produção dos fenômenos revelados pela clínica. Vejamos, então, como isso se verifica, uma vez mais, no referente à problemática que estamos revisando. Então, cabe asseverar que a mencionada identificação da criança com o falo, de ser o falo, amado por si mesmo, aponta, nesse caso, para uma universalização, porque todo

---

[96] Idem, ibidem.

sujeito diz de maneira denegatória que não pretende isso no percurso erótico e amatório de sua vida. Sublinhamos o caráter denegatório dessa afirmação. Se fizermos essa pergunta a um analisante que está em boa situação transferencial, ele vai questionar, com sinceridade sofrida, por que tem que fazer determinadas coisas para ser amado, por que tem que dar provas de amor permanentemente. Vai desconsiderar, por julgá-lo improcedente – certamente sem explicitá-lo –, o que se diz comumente, de maneira bastante "psicológica", sobre o relacionamento do casal: que tem que ser construído dia a dia, e todo o trabalho que isso implica, senão ele se dissolve. Qual seria então o ideal? O ideal, nessas circunstâncias, já se encontra localizado no próprio ego. O sujeito, conseqüentemente, é amado pelo ideal, e procura a translação dessa situação com o espelhismo, ou seja, que o outro ame nele seu ser – só seu ser, sem atribuições nem condições.

A decepção da criança fica evidente, nos diz Freud, quando começam as exigências próprias do momento da entrada na cultura. Por exemplo, quando a criança vai para a escola e começa a normatização. Além disso, de onde vem essa mitologia do paraíso perdido? Não se trata somente do famoso poema de Milton, mas do paraíso de cada um de nós e, em geral, na minha experiência clínica, as lembranças da infância são, em geral, maravilhosas. Houve um grande período de felicidade plena, mas alguma coisa traumática aconteceu e repentinamente esse grande bem-estar se quebrou de maneira violenta e as coisas da vida já não foram mais iguais. Mudaram sempre para pior. Podemos repassar as histórias míticas de cada um e encontraremos que esse momento ficou marcado pelo que aconteceu, que pode ser o nascimento de um irmão, ou um "baque" econômico, ou a perda de um bairro, ou qualquer situação de injúria narcísica, ou seja, algo que naquele momento efetivamente provocou a perda da condição de ser o falo, gerando o correlativo luto. Nessa categorização de Lacan, é essa perda que está em jogo: deixar de ser o falo. Este parece ser um momento infeliz, mas, pelo que estamos explorando, é, por sua vez, um momento lógico necessário para ir tomando distância da identificação fálica, com vistas à paradoxal – e paralela – consolidação da outra face da decepção: trata-se, agora, da decepção dos pais com respeito ao filho.

Essas são as categorias de Freud que Lacan dá como sobre-entendidas, sem fazer as referências bibliográficas, mas que estão "separadas" nos dois textos citados a respeito da feminilidade, em *Luto e melancolia* e em *Psicologia das massas...*, nos capítulos sobre "Identificações" e "Estar amando e hipnose".

Retomemos agora a questão do desejo do Outro[97]. Quais são os limites que o desejo do Outro vai impor, quais são as exigências – *Che vuoi?* Aqui encontramos o que referi anteriormente, que Lacan desenvolveria mais tarde sobre o falo real. A questão não é o sujeito *ter*, a prova não é do sujeito consigo mesmo, mas sim que isso tem a ver com a prova do Outro, ou seja, a mãe não tem o falo real. Desse modo, se o sujeito vai padecer a castração é pelo fato de que a castração vem do Outro, começa no Outro, o Outro é castrado. Evidentemente, como a mulher não tem nenhuma falta, como não é castrada de maneira nenhuma, trata-se da perspectiva mítica – lembremos: não por isso falsa ou mentirosa, senão altamente eficiente – que chamamos premissa universal do falo, premissa lógica – e "louca" – que diz que todos os seres falantes têm falo. Como a mulher não tem falta de coisa nenhuma, o que tem é desejo. Dizer que a castração é do Outro, em Lacan, é praticamente dizer que o desejo é o desejo do Outro, pertence inicialmente ao Outro.

O falo, denominado nesse desvio do texto por parte de Lacan como falo real, é localizado na mãe como faltante. Por um lado, é equivalente ao pênis e, por outro, igualmente é o falo como significante, porque está falando de uma castração que é uma construção simbólica. Esse é o fato que as feministas não entenderam, não sei se por ignorância ou má-fé. Dizer que para a psicanálise, para Freud, enfim, a mulher é castrada, isso é uma besteira, e não queria concluir o Seminário sem voltar a ter presente essa circunstância esclarecedora. Estamos falando da premissa lógica de um fantasma, de uma teoria sexual axiomática, não de uma "acusação" degradante ou de uma diminuição da mulher, ou qualquer juízo semelhante, porque a mulher não é castrada. Em todo caso, podemos dizer: se castrada, então desejante. Isso sim, aceitamos, mas vale também para o homem, que nesse sentido é castrado, porque também é desejante.

---

97 Idem, p. 701.

A questão que se coloca nesse ponto é que não se trata do falo como real "real", mas sim do falo como significante. E isso dá lugar a conseqüências sintomáticas e estruturais. Sintomáticas pela fobia, estruturais pela inveja do pênis, ou *Penisneid*, enquanto se refere ao complexo de castração[98]. A mulher tem inveja do pênis e isso é uma articulação específica da castração. Essa é uma questão central, então. Lacan fez uma leitura exemplar de Freud, dando uma reviravolta, quando diz que o complexo é de castração, e o Édipo é um mito, como vimos no primeiro item. O verdadeiro complexo é o de castração, e castração é desejo. Se não falta alguma coisa, não há desejo, e a castração remete à falta. Ou melhor: é a falta central marcante e sustentadora do desejo.

A fobia, lembremos, é a maneira de ter uma prevenção avisada a respeito do desejo do Outro, de se movimentar frente a ele. Essa é a questão sintomática. Para Lacan, histeria e neurose obsessiva são as neuroses, enquanto que a fobia funciona como uma *placa giratória* a respeito de ambas as neuroses: vai para um lado, vai para o outro, de acordo com as circunstâncias em jogo. Especialmente, a fobia aparece em muitos momentos em que o sujeito está mais próximo do seu desejo. Numa análise, por exemplo, aparece uma fobia, a qual, conforme o qualificativo próprio do discurso médico, caberia ser denominada "enfermidade intercorrente", porque sucede no transcurso da cura. O *Seminário 16: De um Outro ao outro*[99], é onde Lacan fala um pouco mais detidamente na fobia como placa giratória, que vai se orientando, como dissemos, de acordo com as peripécias das duas neuroses. Podemos pensar que o analisante piorou porque no momento lógico da sua cura, por exemplo, apareceu uma fobia, mas isso é pelo benéfico surgimento do desejo, com o qual, uma vez mais, nos separamos rotundamente da maneira médica de conceber a cura. Além disso, temos as fobias típicas do período da infância: do silêncio, do escuro, da solidão, que praticamente todas as crianças têm, e que se "resolvem" de maneira aparentemente espontânea, mas deixando sempre seqüelas sob a forma de traços

---

98 Idem, ibidem.

99 LACAN, J. *Seminário 16: De um Outro ao outro*. Classes de 07 e 14 de maio de 1967. Inédito.

caracteriais de fortes raízes, quando não de uma estabilidade vitalícia sob forma de "desgostos" localizados e específicos, mas imotivados desde o manifesto.

Retornando a nossa temática central, é mister asseverar o seguinte: a maneira de se articular com a falta é distinta em cada sexo. E é precisamente com as pontuações referentes a essa problemática decisiva, e diferencial, que Lacan vai finalizar o seu Escrito.

Então, para começar a desenvolver essa questão, vamos dizer que ela tem um fato comum, a razão comum, como ele diz, nos dois sexos. Certamente, cada um deles vai "resolver" de maneira distinta o seu relacionamento com essa razão comum: essa é, seguramente, a ausência do falo, o falo como ausente. A mulher aparentemente pode "concretizar" tal ausência pela via da inveja do pênis, que seria a maneira, podemos dizer assim, mais patológica, mais beligerante, mais guerreira de enfrentar os homens. Freud já dizia ironicamente, sobre as famosas sufragistas das décadas de 10 e 20 do século passado, que as feministas procuram fazer de cada mulher um grande homem. O que ele quer assinalar, especialmente, é que procuram assim apagar as diferenças. Insistem tanto na igualdade, e esse é o ponto do discurso oficial, em que soa muito bem a questão da igualdade, que acabam por anular um dos sexos. Nessa questão, a psicanálise é um discurso de menos impacto quanto à conquista da simpatia do grande público mediante a sustentação de argumentos falazmente sedutores, como os que são próprios do feminismo, ou, senão, dos *aggiornados* "estudos de gênero". Desde já, aclaremos que diferença não quer dizer hierarquia; aí está o ponto fundamental.

Procuremos ver como Lacan apresenta isso. Em princípio vai dizer que, como o falo fica nesse estado de véu, cada um procura substituir o falo por um ideal: o ideal da tipicidade sexual definidora, um ideal que seria o ideal de ser homem, e o ideal de ser mulher. À maneira de representar uma comédia, nós acreditamos ser homens, ser mulheres. Vejamos como ele diz: "[...] tem como efeito projetar inteiramente as manifestações ideais ou típicas do comportamento de cada um dos sexos, até o limite do ato da copulação, na comédia"[100]. Aí já não se pode ter muito mais disfarce, pois

[100] LACAN, J. "A significação do falo". *Op. cit.*, p. 701.

com a copulação chega o momento da queda do disfarce. Até esse momento, cada um de nós é comediante. Fazemos a comédia de acordo com um protótipo do que implica ser homem ou ser mulher.

Poderíamos perguntar por que a comédia. A resposta mais direta é que não é uma tragédia, em que só há uma saída mortífera. Nas comédias, assim chamadas de enredo, ou de equívocos, de Marivaux, por exemplo, podemos encontrar a maneira notável como um homem se disfarça de mulher, a mulher de homem, pelas formas de vestir e, inclusive, pelo jogo de intercâmbios de traços e de identidades entre os empregados. Os equívocos também são representados em algumas das óperas de Mozart; por exemplo, nas chamadas óperas bufas. Há muitas obras desse estilo no século XVIII, quando era muito comum explorar esse tipo de situações. Pelos termos e alusões, provavelmente Lacan tinha essa idéia em mente. Creio que está convocando essas comédias equívocas, em que se trans-trocam os sexos dos personagens. É interessante, inclusive, destacar que o disfarce não é trabalhado em demasia como tal, pois é centrado em alusões pequenas, ou parciais, em que se dá por descontada a cumplicidade dos outros personagens, não menos que a do público. Assim, se um personagem usa um chapéu e parece uma mulher, ou age de maneira quase grosseira, isso torna quase evidente que não o é. De todo modo, como dizia, os outros fazem de conta que é. Pode, por outra parte, haver mais complicações; assim, às vezes, trata-se de um cantor homem que representa em uma ópera o papel de uma mulher, a qual, por sua vez, coloca as vestimentas de homem e faz seu papel de mulher disfarçada de homem. Assisti a isso na França uma vez; foi interessante, muito desconcertante e divertido como espetáculo. Efetivamente essas comédias são, em suma, como assimilações ao protótipo, que não são o que cada um parece ser, até que finalmente descobre-se o jogo, para beneplácito dos outros personagens e dos espectadores.

Lacan vai dar mais um passo quando apresenta a diferença do homem e da mulher, aproximando-se de um final surpreendente, trazendo uma das conseqüências disso, de grande valor clínico. Encontramos no texto: "Por mais paradoxal que possa parecer essa formulação, dizemos que é para ser o falo, isso é, o significante do desejo do Outro, que a mulher vai rejeitar uma parte essencial da feminilidade, nomeadamente todos os seus atributos, na mascarada"[101].

A mascarada é um conceito que ele sublinha em muitas ocasiões e que vem – como já havíamos adiantado – da kleiniana Joan Rivière, que trabalha a feminilidade como mascarada[102]. Trata-se de rejeitar as condições femininas pela via da máscara, "colocando" aí o falo – rejeitar as condições femininas para que a mascarada faça a função da feminilidade, enquanto modo de procurar dar existência ao falo. Não é só o corpo, claro. A mascarada tem a ver, especialmente, com as mudanças inesperadas e inauditas que a mulher pode fazer a respeito de seu aspecto. Dizemos: "Estás irreconhecível, o que aconteceu contigo, o que fizeste?". As vestes, a questão dos arranjos diferenciais, isso é universal, e não tem nada a ver com o Ocidente. Tem a ver com todos os adornos, enfeites, arranjos, roupas que uma mulher pode ter e especialmente com essa variabilidade que podemos dizer que é exatamente o contrário da estabilidade que o homem pretende ter. Essa é uma diferença fundamental. É mais importante a máscara do que o "corpo", pois rejeita o corpo que está obliterado; não é, como sabemos, o corpo "natural". Está rejeitada a condição da feminilidade, vamos dizer assim, "pura", corporal, para que isso seja des(co)locado para a mascarada. Assim, a mascarada tem um valor fálico; a procura do falo retorna na mascarada. Mas, como nunca é o falo, a mascarada tem que mudar, deslizando, uma e outra vez, essa procura. Desde já, a moda, marcando sua incessante variação – que pode implicar um retorno através dos anos –, reconhece esse mesmo fundamento, se vamos além das análises que pretendem limitá-la a um mero enfoque econômico e/ou sociológico.

A mascarada não é encobrimento do corpo, porque não há alguma coisa por "trás". Com efeito, a mascarada tem valor em si mesma, não só pelo que sugere como fálica. Ela porta uma marca que faz as vezes de caracteres sexuais secundários. Tomando um caso clínico, trata-se de uma mulher que decide mudar o cabelo sem avisar previamente o namorado, para fazer surpresa – ingrata surpresa, pois o sujeito, a partir disso, cai em

---

[101] Idem, ibidem.

[102] RIVIÈRE, J. et alii. "La femineidad como máscara". In: *La femineidad como máscara*. Buenos Aires: Homo Sapiens, 1979.

um franco e estável desinteresse sexual por essa mulher, pois esse valor fetichizado, falicizado, da mascarada é um ponto fundamental para ele. Isso é o corpo? Como se deduz do exposto, a mascarada é uma construção, e é mais que um tipo de sedução sugestiva e mais ou menos explícita.

Onde joga a sedução, então? Não é a sedução do corpo "impudico" sem roupas, por exemplo, mas sim o que pode sugerir a mascarada. Não é desprovida dos caracteres atrativos, ao contrário. Mas aí temos o fato de que, se o protótipo vai um pouco além do que seria o protótipo, se vai além da comédia, cai numa situação grotesca. Uma mulher exageradamente sedutora faz o ridículo. Cabe, nesse caso, recordar o famoso apotegma citado por Freud: "do sublime ao ridículo não há mais que um passo". Se não é sedutora a partir da colocação em ato da mascarada, está virilizada, mas, se é excessivamente sedutora, cai no ridículo.

O mesmo acontece com o homem colocado nesse lugar excessivo. É importante esse assinalamento que aparece quase no final do texto, quando Lacan diz que, nesse sentido, um homem exageradamente macho, vítima da "parada viril", não deixa de parecer feminino. Ou seja: pelo que estamos dizendo, é a colocação em ato do protótipo de homem. Ao exagerar quase ao modo da paródia sua condição viril, na verdade esse homem se feminiliza[103]. Em muitas ocasiões acontece esse paradoxo: parece tão macho e é homossexual. Então, não há como que uma essência nem do masculino nem do feminino.

Podem ser interpostas aqui as condições culturais de como fazer a mascarada e como se geram os protótipos, mas o relacionamento com o falo não é cultural e sim universal. O que muda é o ideal do protótipo. Então, vamos supor que o ideal que está nos quadros de Rubens no Louvre, corpos femininos que, para a condição estética da nossa época, são francamente gordos, nada têm a ver, hoje, com o ideal feminino de beleza, o que assenta suas condições emascarantes também no presumido corpo "desnudo". Nesse sentido é cultural. Porém há que ser cuidadoso com isso, pois não é um culturalismo, senão se perde a dimensão universal e irreversível do relacionamento com o falo enquanto ausente, enquanto significante

---

[103] LACAN, J. "A significação do falo". *Op. cit.*, p. 702.

dessa ausência. O que muda são os ideais que procuram contrapesar, compensar o que acontece com o relacionamento com o falo. Aí está a variabilidade. As referências aos ideais, que são traços, devem ser lidas em função de uma dimensão invariável. Reiteremos: os traços mudam, sem dúvida. Aí, sim, podemos fazer estudos históricos, sociológicos, culturais, mas tampouco fica muito claro por que ontem o ideal era um e hoje não é mais. Qual é a lógica histórica, sociológica do porquê dessa mudança, também não sabemos. E como fica a questão do desejo? Só poderíamos dizer que foram trocados os ideais. Isso do ponto de vista fenomênico está bem, mas não é uma explicação, é tão-somente uma descrição.

Em meu livro *Como se chama James Joyce?*[104], trabalho o que Lacan ensina aqui, em termos, de que não falamos ainda, da contraposição entre matrimônio e patrimônio. Um vem de mãe, matrimônio; e patrimônio, que remete ao dinheiro, vem de *pater*, padre. Se isso se diz assim, quer dizer que o matrimônio é uma questão fundamentalmente de mulheres e tem a ver, então, não com o homem, mas com os filhos, já que se trata das mulheres-mães. Esse é o contrato matrimonial – normalizar a condição dos filhos –, e o homem, por sua parte, não tem a ver com a mulher, mas com o dinheiro. Poderíamos dizer, a partir disso, que o matrimônio feminiliza a mulher, viriliza o homem ou aparentemente os coloca numa situação em que essas definições podem ir perdendo peso? O matrimônio, digamos, é a marca maior da mulher enquanto mulher e para o homem enquanto homem, ou não? Estou introduzindo com malícia a quase resposta, dizendo que não. Mas pareceria, por exemplo, que uma mulher fora do matrimônio tem muito mais preocupação com a mascarada, porque quer dar provas efetivamente da sua feminilidade, que fica falicamente deslocada na mascarada. Coloco isso simplesmente para correlacionar com o que diz a clínica.

Sobre essa etimologia estranha do matrimônio e do patrimônio, não se havia sublinhado, pelo que sei, o fato da sua não-complementaridade para manter, efetivamente, defasagem, mediante a instituição matrimonial: a mulher para os filhos e o homem para o dinheiro. Isso também remete ao que falávamos antes, da lista dos cinco equivalentes freudianos do falo; nesse caso, o dinheiro e os filhos.

---

[104] HARARI, R. *Como se chama James Joyce?* Salvador: Ágalma – Rio de Janeiro: Companhia de Freud, 2003.

Quanto ao homem, há uma outra estranha saída. Aparentemente, Lacan deriva no homem uma "espécie" de infidelidade como "constitutiva" da condição masculina. A questão da atribuição é muito importante para tratar de apreender a questão em jogo, como veremos em seguida. Mas comecemos pela etimologia do ponto a revisar. Assim, fidelidade vem de *fides*, o que alude a um sujeito fideísta, vale dizer, que tem fé. Os que têm fé no sentido religioso, isso é, que acreditam porque acreditam, não necessitam de provas. Como diziam os padres da Igreja, "*credo quia absurdum*": porque é absurdo, acredito, porquanto não pretendo possuir, para sustentar a crença, dados objetivos, incontrastáveis e passíveis de compartilhar. Isso é ter fé, e a fé não requer mais que isso. Daí Lacan dizer: a psicologia é religiosa porque crê no mundo interior, na interioridade, no endopsíquico, e não requer, para acreditar nesse mundo, mais que as "provas" derivadas da própria convicção. Um sujeito que tem fé diz: creio porque isso está dentro de mim. Então afirmo, sinto, penso que Deus existe, e para muitos essa é a "prova". Assim como existe Deus, existe o psiquismo interior, mas tanto Deus como o "mundo interior" são puramente significantes. Voltemos para a fidelidade negativizada: a infidelidade é a não-atribuição de uma fé no outro (enquanto representante do Outro). É uma não-atribuição, portanto. Mas atribuir fidelidade é ser fideísta, quer dizer, atribuir que um sujeito é fiel, exatamente porque atribuis? Temos as queixas a respeito da não fidelidade: "Eu confiava em ti e agora...". Para Lacan, então, a infidelidade, não menos que a conhecida dissociação assinalada por Freud entre a virgem e a prostituta, é constitutiva "[...] da função masculina", enquanto pode significar o falo.

Esse desdobramento também se encontra na mulher, mas não assim. Voltando ao característico dos homens na experiência da análise, a divergência entre a virgem e a prostituta[105] apresenta-se, em geral, racionalizada mediante a defesa da questão do pudor. Por exemplo, os homens declaram: "Tenho que ir com a prostituta porque não posso fazer 'isso' com a minha mulher" (posições sexuais, sexo oral ou sexo anal, etc). Ou seja: isso é apre-

---

[105] LACAN, J. "A significação do falo". *Op. cit.*, p. 702.

sentado como se fosse uma maneira de respeitar a sua mulher, próxima, assim, da santa. E daí se legitima narcisicamente a infidelidade, a qual, como tal, não faz sintoma, não gera ruptura. Por certo o outro termo da dissociação não tem por que se localizar especificamente em prostitutas; basta, em tal sentido, constituir-se no que Lacan chama aqui "uma outra mulher". A esse respeito, cabe *destacar* que é o próprio Lacan quem coloca entre aspas a aludida expressão, no Escrito. O desejo do falo é aí jogado até o limite, e a demanda de amor – esperando receber dela o que não tem – fica, para o homem, com a mulher mais "santa".

Cada um dos sexos tem uma relação distinta com o que implica a ausência do falo e a maneira pela qual isso procura ser compensado. Esse é o ponto do paradoxo ao qual nos convida a psicanálise: referência comum ao falo, maneiras diferenciais de resolver a questão.

Bem, com essas pontuações concluímos nosso percurso. Certamente sei que ele não é exaustivo, mas estimo que possa servir como introdução esclarecedora de algumas das questões mais estimulantes desse Escrito exemplar, constituindo-se em um incentivo para o trabalho com o mesmo. Espero, por último, que julguem que o esforço realizado para acompanhar os desenvolvimentos desse Seminário tenha sido frutífero.

Segunda Parte

Incidências Clínicas

1

O intervalo (não) perdido na direção da cura

> "Tem-se falado muito em influências, mas ainda não se sabe o que é a influência. É pôr um líquido em um recipiente ou é a rotação do indutor do dínamo em um campo elétrico, que como resultado produz outra corrente?".
>
> V. Shklovski, B., *Eikenbáum*

> "Não há serpente nem monstro odioso que a arte não seja capaz de fazer grato aos olhos".
>
> N. Boileau, *Arte poética*

> "Observa-se hoje, nas letras, uma inflação crescente de publicações, que segue à risca o mercado, provocando a mesma depredação do papel produzido".
>
> F. Vanderem, *A literatura*

I. Introdução

Os conceitos que aqui exporemos se unem, em um ponto particular, em dois trabalhos anteriores: o artigo "Ser (o) analista: fim de análise?"[1], e o livro *Fantasma: ¿fin del análisis?*[2]. Tais textos brindam, em termos de direção da cura, a possibilidade de intersectar – através de uma aproximação estimada como pertinente a nosso campo – determinadas conceituações

---

1 HARARI, R. "Ser (o) analista: fim de análise?". In: *Discorrer a psicanálise.* Porto Alegre: Artes Médicas, 1987, pp. 91-134.

2 HARARI, R. *Fantasma: ¿fin del análisis?*, Nueva Visión, Colección Freud à Lacan, Buenos Aires, 1990.

que, provindo de outras disciplinas, impactam em cheio no fazer psicanalítico. Assim, a numerosos analistas da geração daquele que escreve isso, certa circunstância definidora de sua formação (lhes) retorna cada vez que a própria biblioteca é recorrida visualmente; com efeito, torna-se manifesta a condição de formado em Filosofia e Letras, levando em conta a adscrição da então flamante carreira de Psicologia umas décadas atrás, na Universidade de Buenos Aires. Essa idéia, referente à formação de grau em Psicologia, não era, nem mesmo infimamente, fraudulenta, se pararmos para pensar no sábio conselho de Freud: no que à psicanálise toca, pode-se aprender muito mais dos poetas que dos cientistas positivistas – psicólogos, nesse caso. Por isso, nós, os psicanalistas, nos encontramos freqüentemente com conceitos formulados originariamente em campos alheios, os quais são sumamente aptos para sua importação – e sucessiva apropriação – por parte da teoria e da práxis que nos competem.

Em conseqüência, a denominação Letras abre um farto e abrangente campo disciplinar que será convocado neste capítulo, assim como também – em menor grau – o que se abriga sob o não menos amplo campo conhecido como Filosofia. É sabido desde outra época que esses dois âmbitos do saber não têm cessado de "contaminar-se" e de enriquecer-se de forma mútua. Inclusive, tanto na Antigüidade como no presente, uma boa quantidade de textos não encontra com comodidade a categoria capaz de acreditar sua pertinência indiscutível a algum dos dois campos mencionados. É que, assim como resulta árduo determinar o específico de cada setor, também se demonstra como pouco propícia a idéia segundo a qual, em ambas as perspectivas, trata-se de construções "espirituais". As mesmas, supõe-se, incumbem aos mais excelsos e elevados produtos do espírito humano, os que, de tal modo, encontrar-se-iam há anos-luz dos ofuscantes terrenos onde urde a psicanálise. Ainda que pareça inacreditável, alguns "acadêmicos" – tanto da filosofia como das letras – concebem dessa forma – e ainda hoje – o espaço indistinguível que separa – dizem – o que aqui procuramos articular. Em relação a isso, vale recordar a *boutade* – séria – de Octavio Paz: ao fim e ao cabo, o letrado – escreva sobre filosofia ou sobre literatura – ronda sempre as letrinas. Alusão astuta, efetuada no seio de seu exame sobre o barroco; de modo mais preciso, aponta para a entronização barroca do ouro, em coincidência temporal e hierárquica com as muito abundantes referências discursivas ao excremento.

A condição de letrado – da qual não nos podemos desprender –, se bem que tem sido removida pelos avatares da política universitária – cientificista? –, é, por certo, necessariamente reivindicável no caso dos analistas. Talvez essa incursão pelos territórios da Filosofia e das Letras comporte uma volta mítica às origens; porém tais retornos costumam se deparar com surpresas inventivas – encontramos, não buscamos, assinalaria Lacan – de considerável valor para a conceitualização de nosso fazer.

Um texto em particular, onde localizamos uma noção cuja instrumentação resulta fundamental para dar conta do que acontece na direção da cura, guiará boa parte de nosso trajeto. O autor a que faremos referência – para "importar-lhe" sua noção – é um teórico contemporâneo da arte cuja vasta produção tem invadido os âmbitos da estética filosófica, da semiótica e da crítica cultural. Trata-se do italiano Gillo Dorfles, o assinante de *El intervalo perdido* (publicado por volta de 1980). Em seu texto, ele examina, de maneira brilhante, a desaparição, em diversas manifestações da cultura contemporânea, do que denominamos *intervalo*, isso é, o espaço ou tempo de separação entre elementos que, em outras culturas ou épocas, implica a postulação e o sustento de um valor fundamental. As pontuações de Dorfles, se bem remetem a exteriorizações da arte e da cultura modernas (e tardomodernas), resultam cruciais, como adiantamos, para a intelecção da direção da cura, se é que podemos nos aproximar a elas sem afastar-nos da conseguinte leitura psicanalítica.

II. O intervalar e o pleno

Gillo Dorfles nos remete à perda da condição intervalar – assim denominada por ele – a respeito da música, do teatro, das artes plásticas e da arquitetura. A modernidade, guiada por um "*horror vacui*", tem cunhado situações em que as obras mais diversas aparecem atulhadas de elementos, de significados, concebendo o vazio tão só como algo a ser obstruído. A psicanálise não tem sido alheia a esse *horror vacui*, pois, no que diz respeito à direção da cura, bem poder-se-ia colocar a perda do fator intervalar por parte do que temos chamado "a outra psicanálise". Em efeito, há correntes que, chamando-se psicanalíticas, apresentam o analista como um "continente". Nas obras de Melanie Klein ou de W. R. Bion, por exemplo, encontramos o lugar do analista imaginado segundo essa concepção: a de alguém capacitado e disposto a estar repleto de toda classe de conteúdos. Sua função reside em constituir-se como um bom "depositário"; contém, assim, diversos tipos de manifestação psíquica. Logo nos deteremos com mais detalhe nessa categoria do analista continente; entretanto, adiantemos que, em oposição ao pré-dito, postulamos um *analista intervalar*. O analista continente terá como missão, por exemplo, "conter a angústia" do analisante – satisfazendo assim a demanda e caindo, por conseguinte, na inconsciente armadilha neurótica em que aquele lhe tem. Pelo contrário, o analista intervalar procurará gerar uma mudança para (re)produzir uma ordem de vazio. Longe de serem questões abstratas, as concepções, seja do analista continente, seja do analista intervalar, determinam aspectos tão específicos como o já referido à duração das sessões.

Um trabalho exemplar em relação a essas noções – exemplar porque, a nosso juízo, constitui um compêndio dos erros que não cessam de difundir-se – é um texto que já desde o título mostra sua deslizada tomada de posição: trata-se de *El sentido perdido*, de Piera Aulagnier. Ali, a autora postula o empreendimento do analista como uma cruzada pela recuperação do sentido pelo e para o analisante. Em conseqüência, arrola-se de modo direto na margem oposta à ocupada por Dorfles, apesar da enganosa semelhança que se desprende dos títulos de ambos os livros. Com efeito, Aulagnier, do mesmo modo que tantos outros, acredita que se deva aportar um sentido. Para isso, por exemplo, insiste no sustento de uma constância a respeito do tempo de duração das sessões. Ela não emite uma cifra exata no tocante à quantidade de minutos, mas mantém como um bastião a invariabilidade desse continente simbolizado imaginariamente pelo tempo de sessão, que se encontra disposto para ser completado tanto por dizeres do analisante como pelo sentido recuperado pelo analista – nada de vazio, pois isso, supõe, não faz mais do que fomentar a angústia. Reiteremos, então, que essas postulações tomam posição em um campo oposto de maneira diametral ao proposto por Dorfles. Sem ser analista – ainda que a obra de Freud não lhe seja alheia –, o estudioso italiano soube, assim, levar em conta a singular articulação do sujeito ao significante, não menos que o caráter angustiante derivado – tal como Lacan demonstrou – da identificação – obturadora – com o objeto.

No começo de *El intervalo perdido*, Dorfles anuncia o desenvolvimento de uma "investigação sócio-antropológica sobre a arte"[3]. Prossegue fazendo menção a alguns de seus trabalhos anteriores e aos temas que neles foi abordando – no marco da confluência entre a estética e a semiótica – para concluir com base nas razões que o conduziram à redação do presente livro. (Cabe assinalar que essa obra excede, tanto cronológica como teoricamente, ao *boom* da semiótica dos anos 60). Então, fazendo menção explícita ao título da obra, escreve: "Refiro-me exatamente a um fator que, na minha opinião, desempenha, junto com outros muitos, um papel dominante na etapa que estamos atravessando (que temos atravessado e que estamos a ponto de atravessar), e a que cabe atribuir a responsabilidade de grande parte das mesmas condições de vida de nossa época"[4]. A apreciação de Dorfles é válida para advertir que um psicanalista ficará automaticamente incorporado à empresa semiótica. Por momentos, Dorfles parece aderir ao ideal semiótico que consiste na construção de um sistema universal de signos; porém a consideração de questões como a referente ao livro citado o afasta desse pretendido universo – Uni-verso, de outro modo, já criticado com lucidez por Lacan em uma nota de rodapé de "A instância da letra...", onde, ao anotar o objeto da lingüística como "[...] estudo das línguas existentes em sua estrutura"[5], questiona conjuntamente as abstrações generalizadoras próprias de uma teoria da comunicação ou de uma semiologia abrangente. Esse afã omniabarcativo dos semiólogos é, também, o que caracteriza os representantes da outra psicanálise, aquela da continência, da aliança terapêutica e dos "aspectos sadios" do eu, aquela que, na direção da cura, em resumo, apaga qualquer rastro de intervalo, em prol do logro de uma presumida "totalidade".

No seu texto, e guiado pela condição do inacabado, da fragmentariedade, Dorfles examina distintas manifestações. Entre as artísticas, destaca as literárias. Recordemos, em conjugação com seus conceitos, o que ocorre

3 DORFLES, G. *El intervalo perdido*, Barcelona: Lumen, 1984, p. 11.
4 Idem, p. 13.
5 LACAN, J. "A instância da letra no inconsciente ou a razão desde Freud". In: *Escritos*. Rio de Janeiro: Jorge Zahar Ed., 1998, p. 499.

com Joyce – temática abordada por Lacan em seu *Seminário 23, Le Sinthome* – em relação a uma de suas obras mestras, o *Ulisses*. Essa narração monumental culmina com o monólogo interior de Molly Bloom – a mulher do protagonista –, que está escrito em forma ininterrupta, vale dizer, sem que medeie um só sinal de pontuação durante mais de 60 páginas do relato. Da perspectiva da perda de sentido, o procedimento é inobjetável; com efeito, não por acaso tem subvertido a narrativa de modo irreversível. Mas cabe afirmar que a depreciação do sentido processada por esse fragmento célebre é paralela à perda do intervalo. Na verborréia interior de Molly Bloom não há pontuações, e seus eventuais efeitos de sentido são indizíveis. Não é casual que tal recurso tenha sido utilizado tanto por Faulkner como por Burroughs – para citar dois casos de uso sistemático do mesmo – para dar conta do discurso de personagens patológicos habitantes de suas ficções. O procedimento chega até anos mais recentes; por exemplo, nós o temos em *Paradis*, de Philippe Sollers, em que a falta de pontuação lembra o modelo do final de *Ulisses*.

O referir-se à pontuação – ou sua ausência – conota, para os ouvidos pertencentes ao âmbito lacaniano, um reenvio ao recurso da interpretação; por outra parte, a pontuação costuma ser formulada conjuntamente com a escansão. O pontuar uma sessão é similar à circunstância de pontuar um texto; a perda da pontuação implica outorgar-lhe, a todo o presumido material significante, uma condição em bruto tal que impede seu processamento analítico. Pontuar é implantar pausas, diferenças, articulações significantes, de índole insuspeitada, inesperada. Assim, para designar a dimensão intervalar, Dorfles fará uso de um termo que bem podemos incorporar a nosso vocabulário analítico, como exporemos na continuação.

III. O fator diastemático

Diz-nos Dorfles: "Existe uma palavra grega que talvez expresse melhor que o nosso termo "intervalo" – e sobremaneira com maior "autoridade" – o conceito que me proponho a abordar e ilustrar nessas páginas: a palavra "diastema". Diastema significa algo que separa dois acontecimentos, dois objetos, duas notas (no caso da música), e, justamente, a situação contra a qual considero que há que reagir pode ser qualificada de adiastemática ou antidiastemática, situação de ausência de intervalo"[6]. O autor sustenta, então, uma posição que caberia qualificar como principiante, que consiste em promover a recuperação da capacidade diastemática. Trata-se de poder suportar uma condição para a qual o sujeito contemporâneo não parece se encontrar muito bem disposto, enquanto ele mesmo se encontrar imergido no *horror vacui*; a respeito, o italiano postula que esse termo deve ser substituído por outro, por outra posição subjetiva, a que denomina *horror pleni*. Assevera Dorfles: "A maioria dos homens não experimenta o *horror* inteiramente, e sim segue profundamente aderida ao erro do todo"[7]. Nesse ponto apreciamos uma linha bastante afim com a da psicanálise lacaniana. A respeito, já tem passado à vulgata "psi", enquanto sintagma cristalizado – que se supõe daria conta de um ponto nodal de nossa orientação –, o que diz que o neurótico padece porque "não suporta a falta". Nessa ordem, torna-se necessário destacar que, no que diz respeito à etiopatogenia – se nos é permitido medicalizar nosso vocabulário –, o *horror pleni* possui uma condição tanto ou mais patogênica que o *horror vacui*. É que, apesar do lugar-comum e ilegítimo em torno a "não suportar a falta", o sujeito costuma cair na neurose – mais além de apreciações ingênuas – pelos efeitos de preservar a dita falta. De maneira paradoxal, talvez devamos considerar o aludido sintagma congelado como uma manifestação mais do império do *horror vacui* denunciado por Dorfles. Em vista disso, trata-se de avaliar, na direção da cura, as possibilidades de aceder a um *horror pleni*, resgatando o fator diastemático. Assinala o autor: "Esse aspecto de separação, de pausa, de interrupção, capaz de fazer ressaltar determinados elementos – não só no terreno artístico –, esteve sempre presente de modo espontâneo ao longo de outras épocas"[8]. Esse vazio não comporta a ausência concebida em um sentido meramente negativo enquanto constitui o fator "habilitante" de qualquer presença. Encontramos, claro está, o par opositivo ausência/presença; entretanto, os termos não são eqüipolentes, já que o primeiro deles ocupa um lugar primordial: o fator

---

[6] DORFLES, G. *Op. cit.*, p. 13.

[7] Idem, p. 31, grifo do original.

[8] Idem, p. 13.

diastemático entendido como ausência indica que "[...] não só não existiria a presença, mas também não haveria possibilidade de que sejam destacados certos aspectos por o intervalo não mediar"[9]. Não obstante, a tendência hoje predominante parece conduzir ao repleto, ao cheio, à superabundância.

Em um capítulo intitulado significativamente "Hipertrofia sígnica da arte contemporânea", Dorfles alude não só à proliferação de obras artísticas reproduzidas tecnicamente que invadem o entorno atual, mas também às condições do sujeito coetâneo, que se encontra exposto a um cabal bombardeio simbólico, isso é, apto a imaginarizar o Simbólico. A respeito, não é por acaso que a postulação lacaniana que parece sustentar o remanescente "não suportar a falta" seja articulável com o Imaginário. É claro que o ensino lacaniano não se reduz a esse registro; do mesmo modo, tampouco é reduzível, desde já, à omni-simbólica moda estruturalista dos anos 60.

Em uma consideração plena de recorte histórico-antropológico, Dorfles aponta: "[...] enquanto que no passado o contato do homem com os signos artificiais por ele criados era muito limitado (os livros existiam em poucos exemplares, os afrescos só estavam nas igrejas, as ruas não estavam ocupadas com publicidade, etc), na atualidade a *hipertrofia sígnica* chegou ao paroxismo. Na etapa de nossa civilização que estamos vivendo, a necessidade de uma pausa no processo imaginativo se torna evidente, assim como a urgência de desenvolver um *horror pleni*. Em síntese, esse horror *pleni* deveria substituir o *horror vacui*"[10]. O ponto em questão é que, imersos como estamos – tal peixe na água – em um oceano sígnico, não reparamos na diferença a respeito de outras circunstâncias, com a devida observação de que a ordem Simbólica é histórica; é de época. Sem dúvida, isso é difícil de aceitar para o fundamentalismo da estrutura enquanto este se empenhar em colocar a estéril dicotomia estrutura/história. Sem cair no historicismo, não existe outra opção válida senão a seguinte: a estrutura tem história. O supor uma estrutura atemporal e inalterável não deixa de reintroduzir, de

---

[9] Idem, p. 211.

[10] Idem, p. 32, grifo do original.

soslaio, aquela noção de uma ordem eterna, própria da divindade, que jamais muda sua essência e que, devido a seu caráter omniabarcativo e inalcançável, tampouco admite definição alguma. Para certos pensadores, com efeito, a estrutura é uma deidade inabordável. Assimilam-na completamente ao Deus dos teólogos negativos, que não se propõem a defini-lo – nem sequer de modo laudatório – porque essa tentativa implicaria uma ofensiva demarcação de limites. Assim, nada pode – nem deve – ser predicável d'Ele. Por isso a "estrutura" proposta por alguns estruturalistas admite unicamente uma "teorização" a partir dos preceitos da teologia negativa. Por quê? Pelas dimensões de onipresença que o conceito adquiriu, pois tudo "é" estrutura, o que, logicamente, não significa nada. Sim, porque desse modo a palavra em questão perde aquela dimensão de tese mentalizada por Lacan no seu texto *Função e campo da fala...* até perder todo valor, posto que, devido ao manuseio, apagam-se suas inscrições de origem. Como se sabe, Lacan reiterou até o cansaço sua condição de não-estruturalista, o que resulta óbvio, pois muito distante está do pan-estruturalismo o conceito de uma estrutura com falta, na qual se desdobra a dimensão do esvaziamento. Lacan se ocupou largamente desse conceito, segundo o qual o intervalo é uma função vigente na direção da cura, de acordo com uma operação regida pela pulsão de morte. Não se trata, então, de encher o analisante com novos signos – mais ajustados a sua "realidade" –, mas sim de confrontar o sem-sentido com a dimensão do vazio. É que somente pelo fato de se encontrar imerso na "aldeia global" o sujeito se encontra farto de signos. Chega a se analisar, por conseguinte, carregado com uma dotação imensa, sufocante, de significados (usualmente contraditórios, mas coexistentes), ao modo: "Estou doente por essa causa", ou "li em tal lugar que o meu problema provém de...", ou "creio que está acontecendo isso...". Diante de tal demanda, que não comporta uma interrogação – já que se encontra invadida por uma multiplicidade de significados que o analisante parece querer corroborar –, o analista procurará a destituição subjetiva (na linha com o vazio). Em suma, o analista não trabalha para propor novos significados, mas para propender à desconstrução egóica-sígnica, o que implica uma fixação no Real, em virtude da confrontação do analisante com a variedade.

IV. O vazio, Oriente, Lacan

Para ilustrar até que ponto o *horror vacui* encontra-se determinado tanto histórica como culturalmente, Dorfles se remete a certas noções presentes nas culturas orientais. Em *O intervalo perdido* encontram-se referências, por exemplo, à música hindu ou à cultura japonesa. Agora, ainda que não tenha sido mencionado na citada obra, encontramos uma dimensão fundamental da concepção do vazio – como possibilitador e origem de toda presença – no texto canônico do taoísmo, o *Tao Te King*. Em uma de suas primeiras sentenças podemos ler: "Seu vazio é para o Tao sua eficácia. Nunca se completa"[11]. Pouco mais adiante, deparamos com uma ampliação da noção: "Trinta raios leva o cubo de uma roda; o útil para o carro é seu nada (seu espaço). Com argila se fabricam as vasilhas; nelas o útil é o nada (seu vazio). Perfuram-se porta e janelas para fazer a casa, e o nada delas é o mais útil para ela. Assim, pois, naquilo que tem ser está o interesse. Mas no não-ser está a utilidade"[12 e 13].

Como se pode ver, trata-se de uma concepção oposta de modo absoluto à de um nada negativo, destrutivo, que aniquila, conforme postulado por inúmeros filósofos. O vazio, em tais ideários, parece por si só prejudicial; mas nem todo mundo está de acordo com isso: "Aos ocidentais, sobretudo, torna-se difícil conceber a importância do vazio. Em muitas civilizações orientais (na japonesa, por exemplo, e, em geral, nas influenciadas pelo budismo zen), o vazio é algo habitual; o vazio não só como ausência, mas também como início de algo positivo, como substância efetiva, de eficácia comparável à do cheio, e inclusive maior que a desse último. [...] O vazio, pois, como condição necessária para poder valorizar a plenitude relativa, algo totalmente oposto a nossa concepção ocidental de um vazio como negação e como ausência"[14].

---

[11] LAO-TSÉ, *Tao Te King*. Barcelona, Orbis, 1983, p. 99.

[12] Idem, p. 104, grifo do original.

[13] N.do A. Uma linha de raciocínio homóloga a uma das intelecções iniciais formuladas por Lacan a respeito da sublimação. (Cf. Seminário 7: *A ética da psicanálise*, Rio de Janeiro: Jorge Zahar Ed. 1988, pp. 146-150).

[14] DORFLES, G. *El intervalo... Op. cit.*, pp. 35-36.

Dorfles inclui numerosas referências atinentes à valoração do intervalo no Extremo Oriente tradicional. A menção ao zen nos evoca os inícios do *Seminário 1* de Lacan: "O mestre interrompe o silêncio com qualquer coisa, um sarcasmo, uma patada. Assim procede, na técnica zen, o mestre budista na busca do sentido. Aos alunos lhes cabe buscar a resposta a suas próprias perguntas"[15]. No zen, não se trata de encontrar um sentido, e sim de manifestar a confrontação do sujeito com o vazio de sentido, vazio que, mediante um inteligente neologismo, torna-se nomeado por Lacan como *ausentido*, como sentido tornado ausente. E isso se procura mediante uma patada, mediante uma resposta insensata, mediante uma força tal que rompa com a ilusão de um discurso de acordo com a realidade. No *Seminário 20*, Lacan recordará de modo irônico e sagaz: "O melhor do budismo é o zen, e o zen consiste nisso, em responder-lhe com um latido, amiguinho"[16]. Então, trata-se do resgate do sem-sentido, apontando para uma articulação renovada entre o sujeito e o significante, por mediação da letra.

A critério de Dorfles, é a eficácia do intervalo o que torna viável, nas culturas orientais, a preservação do *horror pleni*. A respeito, em um ensaio anterior, destacava: "A espacialidade, tal como se entende na arquitetura japonesa [...], consiste na concepção do espaço não como algo delimitado por paredes ou telhados, mas como algo independente e só capaz de ter um valor devido ao seu próprio esvaziamento. A casa de chá pode ser definida como 'casa da alma', ou 'casa do vazio' (os dois ideogramas se identificam, segundo nos diz Okakura)"[17]. Desse modo, a referência lacaniana ao zen possui maior valor que o de uma presumida alusão exótica ou erudita. Não culminam aqui as coincidências; Dorfles colocará, em *El intervalo perdido*, ainda outra conexão "importável", mas dessa vez com um conceito formulado no marco da teoria literária.

---

[15] LACAN, J. *Seminário 1: Os escritos técnicos de Freud.* Rio de Janeiro: Jorge Zahar Ed., 1986, p. 9.

[16] LACAN, J. *Seminário 20: Mais, ainda.* Rio de Janeiro: Jorge Zahar Ed., 1985, p. 157.

[17] DORFLES, G. *Símbolo, comunicación y consumo.* Barcelona: Lumen, 1972, p. 252.

V. *Ostranenie*: texto literário, texto analítico

Temos nos referido já ao auge estruturalista dos anos 60, com suas euforias taxonômicas e seus contestáveis excessos. Para reivindicar o viés legítimo e obviamente resgatável da empresa estruturalista, convém recordar um grupo de notáveis estruturalistas *avant la lettre*: os formalistas russos. Aqueles jovens intelectuais reunidos ao redor da OPOIAZ (Sociedade para o estudo da língua poética) produziram alguns textos admiráveis. Dorfles alude a um texto em especial, de Viktor Shklovski, que teve uma condigna difusão desde que na década dos anos 60 Tzvetan Todorov compilou em um volume certa quantidade de trabalhos desses investigadores sob o título geral de *Teoría da literatura dos formalistas russos*. A produção de autores tais como Shklovski, Tynianov, Eijenbaum, Brik, Baktin ou Roman Jakobson – o mais difundido pelo seu trabalho, em anos posteriores, em diferentes países ocidentais – ainda hoje segue oferecendo recursos conceituais sumamente frutíferos. O apogeu dos formalistas russos chegou à década de 20; logo a ascensão stalinista converteu o formalismo em um estigma, válido como tal para qualquer intelectual ou artista. O realismo socialista anulou – literalmente – os trabalhos em curso, e os teóricos formalistas, em geral, deveriam iniciar a sua diáspora. Um dos herdeiros imediatos da empresa assim cancelada foi o célebre círculo lingüístico de Praga – onde se infiltrara Jakobson, cujas teses foram bastante difundidas e apreciadas, quase em todo o mundo, desde seu surgimento. Outras heranças foram valorizadas muito mais tarde; basta citar a reentrada de Baktin nos estudos literários desde os anos 60 – através de seus "promotores", Julia Kristeva e o mencionado Todorov –, dando início assim a um novo ciclo referencial e didático que chega, sem dúvida, até o presente.

A entrega de Dorfles aos formalistas dirige-se a Shklovski e a um de seus textos *princeps*, *A arte como artifício*, publicado pela primeira vez em 1917. Ali o autor russo postula um conceito que teve uma particular fortuna na teoria artística; isso acontece, curiosamente, além e apesar dele mesmo, dado que décadas depois se retratou dessa inovação. De tudo aquilo dá conta Dorfles, ainda que a autocrítica de Shklovski não obste para a recuperação proposta por sua parte. O termo em questão é *ostranenie*, traduzido como "estranhamento". Apesar de que a proximidade fonética – quase homofônica – parece justificar o reenvio, a *ostranenie* não deriva – ao menos não o colocou assim Shklovski – do adjetivo *strannij*. Na tradução espanhola do livro aludido, encontramos o conceito vertido como "singularização"[18]. De todo modo, parece conveniente – como propõe Dorfles – manter o termo original, em função dos incorrigíveis equívocos convocados pelas diferentes alternativas de tradução. Fazer referência ao "estranhamento"[19] evoca, em nossa disciplina, o vetor psicopatológico da despersonalização, quando é localizada principalmente no corpo (tal como acontece, por exemplo, em certas variantes da esquizofrenia). A noção de *ostranenie*, entretanto, não remete a nada psicopatológico, pois Shklovski a relaciona com um texto de pertinência literária. Agora, o conceito é de útil instrumentação, como destacaremos logo, para a intelecção do texto analítico.

De acordo com o exposto por Shklovski em *A arte como artifício*, Dorfles recolhe em seu livro a definição que a Academia de Ciências da ex-URSS emite – em fins dos anos 50 – sobre o conceito de *ostranenie*. Trata-se da seguinte: "A acentuação por parte do Escritor de um elemento qualquer do texto de uma obra de arte, com o objetivo de fazer que seja percebido não segundo as associações habituais, e sim como algo insólito, mas já encontrado antes"[20 e 21]. De maneira curiosa, a *ostranenie* – enquanto conceito teórico – resistiu aos embates do realismo socialista, a tal ponto que, por volta de 1935, durante uma curta estada em Moscou, Brecht ressaltou as marcadas semelhanças detectáveis entre esse procedimento e aquele que ele mesmo vinha delineando em sua teoria teatral. Um ano mais tarde, Brecht inaugura o conceito de *Verfremdungseffekt*, traduzido normalmente como "efeito de distanciamento" ou "efeito de estranhamento". A expressão, que há tempo faz parte do vocabulário de

---

[18] SHKLOVSKI, V. "El arte como artifício", em T. Todorov (comp.), *Teoría de la literatura de los formalistas rusos*. México, Siglo XXI, 1970, p. 60.

[19] N. do A. A mesma opção foi adotada pelo tradutor da obra de Shklovski, *La disimilitud de lo similar*. (Alberto Corazo[ón, 1973, p. 65).

[20] DORFLES, G. *El intervalo... Op. cit.*, p. 101.

[21] N. do A. O próprio Shklovski sustenta esse semblante: "O estranhamento se parece com freqüência à adivinhação: também desloca de seu lugar as características do objeto" (*La disimilitud de lo similar*. Alberto Corazo[ón, 1973, p. 63).

divulgação teatral, reserva estreitas correspondências com a *ostranenie* de Shklovski. A respeito, os teóricos do teatro ainda discutem se Brecht encontrou em sua descoberta da noção formalista uma fonte de inspiração, ou se o dito encontro não foi mais que a corroboração do que havia já teorizado previamente a sua viagem à ex-URSS. Assim, em um ensaio de 1936, topamos com uma referência ao Oriente, ensaio que leva o título de *Verfremdungseffekt na arte cênica dos chineses.* É evidente que Brecht havia captado – como o fez Shklovski com Tolstoi ou com a poesia popular russa – a função diastemática.

Freqüentemente se tem destacado que, sem ter conexão alguma com o que naquele então se vinha desenvolvendo em Genebra – a partir dos ensinamentos de Ferdinand de Saussure –, os teóricos da OPOIAZ chegaram a formular avanços lingüísticos, ou realizar tipos de análises literárias de uma inspiração tão similar à de Saussure.

A *ostranenie*, então, foi um conceito destacado desse movimento. Na sua biografia de Maiakovski – melhor dizendo, uma autobiografia de todo o movimento, naqueles anos da explosão revolucionária –, Shklovski escreve acerca dos poetas: "Criavam imagens inesperadas, um aspecto inesperado da obra [...]. Era uma ampliação da percepção do mundo [...]. A obra da OPOIAZ está vinculada em parte a essa poética. A teoria do distanciamento tem-se desenvolvido sob o seu nome"[22]. O que o teórico formalista tinha assinalado era um procedimento destinado a introduzir no texto discursivo um hiato, isso é, a provocação do diastema, para ressaltar certo termo de um modo inesperado; vale dizer, oposta à linha de suas associações habituais, ou seja, romper com a ordem do léxico, de acordo com um regueiro de associações imprevistas, abertas, não-paradigmáticas, para assim chegar a insuspeitados efeitos de sentido. A passagem do texto literário ao analítico torna-se, de acordo com esses lineamentos, altamente factível.

A noção de *ostranenie* encontra-se colocada em ato por diversos textos. Shklovski a rastreou em exemplos literários; autores como Brecht – como foi dito – logo advertiram sobre a possibilidade de processar um

---

[22] SHKLOVSKI, V. *Maiakovski.* Barcelona: Anagrama, 1972, p. 104.

fecundo deslizamento em direção a outros textos artísticos; Dorfles, por sua parte, a instrumenta sem rodeios para a construção de sua teoria geral da percepção artística. Bem podemos então, dentro de nossa competência, fazê-la render seus frutos conceituais no que se refere à situação analítica. Com efeito, o que é um texto senão aquilo que nos oferece em seus ditos o analisante?

Retomando: entre o que há de mais apreciável do formalismo encontra-se sua superação tanto da abordagem estilística como da semântica, da sociológica, ou da historicista. O trabalho, em conseqüência, se debruça, centraliza-se na forma, mas não como envoltura de um conteúdo, e sim como geradora de sentidos e provocadora de distintos efeitos entre os leitores. A opção pela forma implicava colocar de lado todas as intelecções "contextualizadas" (com referência à época da obra, à biografia de seu autor ou ao gênero em que se a pudesse arrolar). Trata-se, em última instância, da determinação das estruturas, das articulações internas que regem um texto. O formalista enfocava, de modo fundamental, o discurso e sua conformação; ali descobria, em ato, o conceito de *ostranenie*. Tanto no discurso literário como no analítico são cruciais os momentos de rareamento, de estranhamento, provocados pela aparição súbita de um significante de efeito inesperado. Na situação analítica, por meio da pontuação e da escansão – procedimentos intervalares por antonomásia –, o analista parece repetir o dito pelo analisante, ainda que, ao introduzir um diastema inesperado, convoque à estranheza de maneira contundente, real. Não se trata de que o analista "ponha de si" um novo sentido – eventualmente "perdido", Aulagnier *dixit* – no dito por seu analisante, posto que não aludimos a projeções imaginárias (no dizer kleiniano). A interpretação comporta um *plus*, um golpe do real capaz de provocar a *ostranenie*, a des-localização do sujeito. Estamos muito longe da interpretação do estilo da outra psicanálise, aquela que explica ao modo de "o que você quer dizer com isso, na realidade, é que...". Mediante tal "sapiente" modalidade, outorga-se um novo sentido – acabado –, aludindo – dizem – a distintas casualidades: a defesa, a motivação, a história, o objeto da fantasia, etc. Nós nos localizamos, sem dúvida, em outro território: o do *analista diastemático*.

VI. *Ostranenie* ou interpretação "completa"

Uma interpretação acabada, submetida ao *horror vacui* ou "completa" – como queria Otto Fenichel –, "deve" abarcar tudo o que possa, para esgotar toda dúvida, toda inquietação, todo vacilo do analisante. Qualquer interpretação parcial seria não dirigida ou, em todo caso, seria preparatória de uma interpretação completa posterior. Expoentes como o citado Fenichel ou reputados kleinianos propõem que o analista se espraie, informando "aquilo que lhe ocorre" ao seu analisante. Pelo contrário, uma interpretação atenta ao efeito de *ostranenie* procurará manter operante a função do intervalo. Para isso, o analista contará com o recurso do laconismo – dizer intervalar por definição – enquanto operador de extrema utilidade.

Freqüentemente, a inserção da condição de vacuidade horroriza os analisantes, que querem enunciar um discurso completo. Diante de uma pontuação, respondem: "Deixe-me terminar, por favor; não me interrompa, não me tire do tema!". O analista que se encontrar "tomado" pela condição do *pleni* pode deduzir que procedeu de modo incorreto. Mas que outra coisa senão um efeito catártico se faz presente em um analisante que vem para a sessão para "dizer o seu", exigindo ser escutado sem diastema? É que o fator diastemático torce o discurso, rompe essa sorte de livreto ou guia prévio e deixa beneficamente inerme o analisante em confrontação com um dizer não reconhecível, de início, como "próprio" (como egóico). A *ostranenie* é capaz de determinar que, no seio do dito – ou seja, daquilo que talvez já estivesse preparado, controlado –, lhe apareça, como alheio, um dizer, uma enunciação. E isso ocorre sem que se agreguem novos sentidos, sempre que o *plus* emerja mediante o corte. (O que também corresponde, claro está, à questão do corte não estandardizado das sessões.).

Voltando a Dorfles, ressaltamos sua precisão acerca do conceito formalista: "Como se vê, a *ostranenie* é um termo autônomo, dotado de um significado próprio e aplicado em particular às composições literárias (ao que parece, usado por primeira vez com esse significado no já citado ensaio de Shklovski)"[23]. Não obstante, os desenvolvimentos sobre esse conceito

---

[23] DORFLES, G. *El intervalo... Op. cit.*, p. 101.

não se concluíram com esse autor; a respeito, Dorfles cita ao menos dois casos mais de atenção a esse procedimento: "Por exemplo, quando Tynianov afirma que uma palavra corrente, que em um periódico passa inadvertida, "pode apresentar um extraordinário frescor ao ser inserida em uma poesia", ou quando Mukarovski baseia sua análise da função estética em determinadas alterações da norma que rege o uso das palavras, trata-se sempre do inegável deslocamento de referido termo a respeito de seu contexto normal e de sua inserção em uma trama poética ou narrativa que lhe permita adquirir valências semânticas que antes não existiam ou que somente estavam latentes. Ou seja, trata-se de submeter o referido termo a um procedimento que não será arbitrário definir como "de estranhamento"[24]. Assim, pode-se advertir como, com um vocabulário distinto e centralizando-se em um texto diferente do discurso de um analisante, tanto os formalistas russos como certos membros do círculo de Praga – entre eles, Jan Mukarovski – tinham se apercebido dos efeitos produzidos pelo fator diastemático, seja na linguagem, seja no sujeito.

Apesar de compartilhar, em linhas gerais, do projeto semiótico, Dorfles o limita dentro de uma estética antropológica ou filosófica. Ainda que seu livro não cite de modo textual Lacan, leva em conta seus ensinamentos; em congruência com isso, seu nome aparece como referência em várias passagens do livro. A adscrição semiótica – como já foi dito – não alcança em Dorfles o pansemiotismo de outros autores, pelo que escapa assim da advertência lacaniana formulada em *A instância da letra...* Naquele momento, a crítica de Lacan se dirigia com maior intensidade contra a eclosiva teoria da comunicação, formulada a partir dos trabalhos de Claude Shannon e Warren Weaver, que propendiam à generalização disciplinar a partir de modelos informativos extrapolados da engenharia da comunicação. Mas a tomada de posição lacaniana bem vale também para a avassaladora semiologia dos anos 60. Hoje, esse impulso tem se diluído em grande medida; não obstante, cabe recordar que tudo aquilo que implique o pressuposto de uma semiologia – como antes aconteceu com a filosofia –, isso é, a

[24] Idem, pp. 102-103.

paralela pressuposição de um universo de discurso, incorre em um erro basal: o da forclusão do diastemático.

VII. Esgotamento semiológico e semblante de *a*

Dorfles, ao ter se debruçado sobre a análise de objetos estéticos e da cultura em extensão – recordemos que não é lingüista –, manifesta-se especialmente cauto diante dos limites da semiologia. Por quê? Porque advertiu que esta tampouco se tem mostrado muito eficaz no que se refere à abordagem dos textos artísticos. Se bem que se possa, desde alguma dimensão – desiderativa? –, argumentar que "tudo tem sentido", os riscos desse axioma são talvez maiores que seus hipotéticos benefícios. Com efeito, o semiólogo italiano – não analista, mas agudo crítico – assevera, no tramo final de *O intervalo perdido*, o seguinte: "A pletora de investigações semióticas a que vimos assistindo nas últimas décadas, os estudos extremamente sutis – mas freqüentemente estéreis – sobre os valores simbólicos da arte, sobre a iconicidade, sobre a monossemia, sobre os 'atos lingüísticos', relacionados com a criação literária ou teatral, sobre a plurissignificação, sobre a codificabilidade e decodificação das diferentes linguagens artísticas, etc, têm conduzido ao que eu definiria como um 'esgotamento semiológico' ou um 'desgaste semântico'"[25]. Assim que declarou que não é sua intenção desvalorizar as aproximações citadas – porque, a seu juízo, conseguiram importantes avanços –, Dorfles recorda o perigoso reducionismo inerente a essas concepções sígnicas. A seguir, reconhecendo que o apogeu dessas abordagens tenha passado, diagnostica: "Pois bem, considero que nos últimos tempos – precisamente em contraste com o longo período de estudo consagrado à identificação e indagação do aspecto significante das obras artísticas (refiro-me à significação, à semanticalidade de todo 'signo' artístico) – está-se produzindo um fenômeno muito notável de dessemantização da arte, no sentido de uma 'perda de sentido', de um esgotamento semântico nas operações artísticas"[26].

---

[25] Idem, p. 214.

[26] Idem, p. 215, grifo do original.

O processo assinalado por Dorfles é, de certo modo, homólogo ao que podemos pontuar no ensino de Lacan no que se refere a um corte decisivo. Assim, é fatível advertir que houve, nos seus inícios, uma influência lévi-straussiana, que deu base a sua postulação do lugar do analista como garantia da verdade, como Outro, isso é, como aquele capaz de encarnar o registro do Simbólico. A paulatina consideração – por parte de Lacan – de que o Simbólico é facilmente imaginarizável o conduziu posteriormente à formulação do des-ser do analista, vale dizer, do conceitualizável em termos de uma ontologia negativa.

1953, topamos com um Lacan influenciado pela obra de Lévi-Strauss. Pois bem, esse autor não é o mesmo Lacan firme que, por exemplo, escreveu a *Proposição de 9 de outubro de 1967...* Se o compararmos com textos posteriores, como os dos *Seminários 19, "... ou pire", ou 20, "Encore"* – ditados entre 1971 e 1973 –, a diferença torna-se ainda mais aguda. Esse movimento pode ser teorizado como de dessemantização ou de esgotamento semântico. Se diacronizamos a obra de Lacan, vemos que não só se destaca nela uma maior ou menor insistência em determinado registro, mas também essa passagem deixa entrever o risco clínico consistente em um Simbólico generalizado. E nessa deriva ressalta uma questão crucial, à qual acabamos de aludir, a do lugar do analista: de garantia da verdade, de alguém que ocupa o lugar do Outro, de receptar o significante Sujeito-suposto-ao-Saber, "cai", enquanto destino objetal, no lugar de semblante de *a*; do sentido, então, ao sem-sentido, em uma cabal e frutífera dessemantização.

VIII. Sem-sentido e o presumido "ato"

Algumas práticas "psi" que se dizem lacanianas têm proliferado nos últimos anos. Trata-se de certos preconizadores do "ato analítico", que, no lugar de interpretar, respondem de maneira condutual, com gestos inopinados, pressupondo que com isso precipitam o sem-sentido em uma sessão. Agora, em que se articula esse proceder com a *ostranenie*? Em nada, pois esta se refere a um significante cortado, intervalado, sujeito à implantação de um diastema, para dar lugar assim à letra. Esses analistas (?), apoiados em uma particular intelecção do que implica a condição de semblante de *a*, fazem, por exemplo, o seguinte: enquanto o analisante fala, eles, com total mutismo, se levantam e se retiram do consultório, voltando depois de determinados minutos, sem pronunciar uma palavra sobre o acontecido. Ou, senão, abrem e fecham com violência, e de forma reiterada, as gavetas da escrivaninha de seu consultório. Dessa maneira acreditam que estão confrontando o analisante com o sem-sentido, quando, na verdade, se pode dizer que têm representado uma pequena peça de teatro do absurdo, ou de um grotesco *kitsch*. Claro está que, da preconização desse "ato" pode-se passar facilmente a um "vale tudo"; se for questão de confundir, de transtornar o analisante, qualquer estratégia será legítima. Mas a apelação ao sem-sentido passa pelo significante: a emergência do S_1, do sem-sentido que a letra arrasta, é eminentemente verbal, não alude a uma conduta disparatada.

O sem-sentido, nos diz Lacan, é um enredo ruidoso. No lugar de convocar a paralisia ou a mudez, convoca novos sentidos, que, por sua vez, se terá que procurar desbaratar. O que fazem esses mestres neolacanianos do ato comporta uma encenação, cuja distância com a passagem ao ato resulta nula. Sem sabê-lo nem aceitá-lo, puramente são "herdeiros" dos antipsiquiatras Laing e Cooper, antes que de Lacan. Com efeito, o analista que se "faz de louco" na frente do analisante – para induzir neste último cortesia – confunde o fazer semblante com o brincar psicodramaticamente um papel.

O que foi dito não implica que desvirtuemos as legítimas intervenções em ato que podem – e devem – realizar-se no transcurso de uma análise; algumas delas, sem dúvida, são decisivas e vetoriais. Mas de nenhuma maneira essa dimensão autoriza a utilizar, de forma sistemática, dispositivos de desconcerto do analisante por meios teatrais. Há quem se proteja no anedótico, isso é, no "Lacan para tal e qual coisa", para fundamentar o fazer aludido. Agora, se a um jovem analista, diante de seu primeiro analisante, lhe ocorre guiar-se pelo que supõe que fazia – segundo lhe têm contado – Lacan, ele simplesmente padece um desvario na ordem de sua identificação imaginária com o Pai Ideal. Recordemos o que escrevia Freud no começo de *Recomendações aos médicos que exercem a psicanálise*: "Devo, contudo, tornar claro que o que estou asseverando é que essa técnica é a única apropriada à minha individualidade; não me arrisco a negar que um médico constituído de modo inteiramente diferente possa ver-se levado a adotar atitude diferente em relação a seus pacientes e à tarefa que se lhe apresenta"[27]. Por isso, quem se escuta na senha semântica presumivelmente inapelável que reza "... assim fazia Lacan" não faz mais do que reproduzir, no campo lacaniano, aquilo que os analistas da Associação Psicanalítica Internacional (IPA) têm disposto canonicamente porque "... assim dizia Freud", ou seja, sessões de 50 minutos (podem ser também 45): um paciente a cada hora, com 10 minutos (ou 15') de descanso entre um e outro. Porém, em *Recomendações aos médicos...*, Freud é sumamente claro; de fato, incitava àquilo que Lacan resumiu genialmente mediante essa paradoxal *boutade*: "Façam como eu, não me imitem". Nem Lacan, nem Freud "imitaram" um modelo; fazer como eles implica, desde o começo, não decalcar nenhuma "conduta". Não obstante, não é do "ato" o único desvio que tem prosperado em nome da presumida inscrição nas lições de Lacan.

IX. O "morto" não é um cadáver

Uma idéia lacaniana que tem capturado de uma forma curiosa é aquela de que o analista deve ocupar o lugar do morto. É notável o modo como muitos analistas (?) – especialmente os promotores do "ato" vs. interpretação – têm se encarregado de tal conceitualização, permanecendo em um fechado mutismo durante sessões inteiras; representam, assim, um estado catatônico, em meio ao qual o "ato" irrompe triunfal, conforme – segundo opinam – a ética do desejo do analista. Talvez não recordem que o lugar do morto implica, em Lacan, uma referência explícita ao *bridge*: é o lugar daquele que não joga, deixando passar. Agora, isso implica a base de uma rigidez cadavérica? É que o morto do *bridge*, mesmo não jogando, toma parte ativa no jogo, enquanto força o Outro a ficar quieto. O laconismo convoca necessariamente a dizer algo; não equivale a mudez. Não se trata de manter a boca fechada, para assim alcançar o sem-sentido, porque te-

---

[27] FREUD, S. "Recomendações aos médicos que exercem a psicanálise". In: *Obras completas*, E.S.B., Rio de Janeiro: Imago, 1976, p. 149.

mos aqui que o significante continua sendo, mesmo nos textos mais tardios de Lacan, o transporte de uma primazia cujo alcance não é negociável; é aquilo que origina o Real, e não uma espécie de resto deste. Para ser delineada enquanto práxis do Real, a psicanálise opera sobre o Real por meio do Simbólico. Por isso, fazê-lo intervir no ato analítico, ou o instalar-se no lugar do morto, nada têm que ver com o papel do antipsiquiatra ou com a representação de um cadáver.

Em suma, também a respeito dessa questão crucial pode-se calibrar até que ponto a lição lacaniana transita por um desfiladeiro: de um lado, a pedra; por outro, o abismo.

X. Intervalo e primazia do significante

Em consonância com o que acabamos de expor, nas páginas finais de *O intervalo perdido*, Gillo Dorfles menciona Lacan em um parágrafo de síntese: "[...] considero que esse fator (o diastemático) [...] deveria possibilitar a aparição de uma nova maneira de 'saborear' as obras e as operações artísticas, uma fruição que não necessariamente esteja ligada a uma tomada de consciência da significação da obra, mas sim que permita que essa última atue inclusive para-além de seu conteúdo semântico, precisamente por ser portadora de um *quid* que não só a distingue e a isola, mas também a afirma em sua peculiaridade. Se se prefere utilizar um chavão já familiar, o dito anteriormente também poderia ser expresso dizendo-se que se produzirá uma revalorização dos significantes frente aos significados, de acordo com um esquema não muito distinto do assinalado em seu momento por inúmeros investigadores, tanto no terreno da estética como no da psicologia (Lacan e outros)"[28]. Na página seguinte, aprofunda o conceito: "A credibilidade de uma obra de arte não dependerá somente de sua semanticidade: poderemos aceitar a presença de obras ainda não 'semantizadas' (ainda não definidas semioticamente), ainda não correlacionadas do ponto de vista sintático e pragmático com as intenções do artista, sempre e quando essa aceitação se produza na presença daquela pausa intervalar sem a qual toda

[28] DORFLES, G. *El intervalo... Op. cit.*, p. 216.

aproximação autêntica em relação à obra resultaria impossível"[29]. Essa lúcida apreciação sintetiza um evidente anti-humanismo, pois incide tanto na obra do artista como em suas intenções. Trata-se de propor uma análise do discurso, definidora de qualquer análise da subjetividade. É uma concepção totalmente oposta à postulação de um sujeito transcendental, que, como presumido "gestor volitivo", se posicionaria atrás, abaixo ou acima do efetivamente enunciado. E, nesse discurso organizado pela primazia do significante, Dorfles considera decisivo o hiato, vale dizer, o que denomina fator diastemático. Além disso, a pausa intervalar permitirá gerar uma necessária dimensão de ausência, a qual resulta efetiva para os fins de desaprisionar o sujeito daquilo que se conhece como "gozo estético". Essa denominação, casualmente aparentada – por via da homonímia – com o campo lacaniano, seria definível insularmente em função do gozo? Pode-se dizer que, nesse caso, trata-se da fruição, do "saborear" a obra; porém o intervalo deve cortar essa massividade de gozo, essa captura que impede tomar distância da obra, para conseguir pô-la em questão, para que diga, assim, mais do que está dizendo. Para isso, claro está, deve sustentar o real do intervalo, sem obturar a conseguinte emergência da *ostranenie*.

[29] Idem, p. 217.

2

O que varia e o que desvaria *uma* clínica lacaniana?

I. O acontecimento Lacan na direção da cura psicanalítica

Primeira afirmação que deveria ser – é mesmo? – óbvia: o acontecimento Lacan na disciplina psicanalítica não é, nem pode ser, sem conseqüências na ordem do designado nela como "direção da cura". A esse respeito, o conhecido "enquadre" entronizado pelo que denominamos a "outra psicanálise" não pode se sustentar nos seus parâmetros – cujas coordenadas tentam em vão estrangular um real – se forem assumidos os ensinamentos do psicanalista francês. Ora bem, se é nesse contexto – o da cura-tipo – que cabe colocar as variâncias, como encará-las? Vale, nessa ordem, a aplicação e a adoção, por parte dos praticantes, do "modelo" derivado da conduta clínica manifesta do indivíduo Jacques Lacan, conforme ela tem sido caracterizada com base em diversos testemunhos (em geral, tendenciosamente confiáveis e válidos)? E, se não fosse o caso, como se orientar sem cair em desvarios, próximos, com freqüência, da pantomima histérica, da enfatuação, da clara sugestão, quando não da simples iatrogenia?

I.a.

Vamos adotar, de início, um ponto de partida cifrado num desses aforismos-propostas de Lacan, não isentos de mordacidade, de sábia ironia e, enfim, de contestação das expectativas "racionais" – ou racionalizadoras? – mais freqüentes. Trata-se da *boutade* que reza: "Façam como eu, não me imitem". Mediante esse aparente dilema, através desse estranho paradoxo, Lacan fixa, a meu ver, um dos pilares essenciais de seu ensinamento, que pode ser glosado assim: "Separem-se da identificação imaginária com a minha pessoa – com seu inelutável reverso agressivizante e concorrencial –, façam comigo tal como eu mesmo fiz com os ensinamentos derivados e dedutíveis da obra de Freud".

Muito longe estamos, como se pode apreciar, de dizer "faço isso porque Lacan o fazia", asseveração esgrimida por certos analistas que se consideram inscritos no ensinamento do autor dos *Écrits* e detrás do qual se escuda, com verossimilhança, a tentativa de não apostar no processamento gerador de *uma* clínica lacaniana. Mas que seria *uma* clínica lacaniana? A colocação em ato por cada praticante que pretende articular-se com o ensinamento cuja dilucidação nos convoca.

Efetivamente: "[...] do Nome-do-Pai é muito possível prescindir, à condição de servir-se dele"[1]. E servir-se dele não implica transformar-se numa mimese, numa clonagem de ninguém.

I.b.

A meu ver, o programa de longo alcance condensado pelo paradoxo recém-indicado imbrica-se com outra das chaves conceituais mediante as quais Lacan tenta transmitir-se como analista, procurando evitar, nisso e para isso, a fascinação imaginária frente à exibição do palavreado superficial.

De que se trata? Daquilo que se denomina, no *Seminário 19, "... ou pire"*, "demanda fundamental", que se enuncia assim: "Demando recusar o que te ofereço, porque não é isso"[2]. Vamos glosar esse enunciado nos seguintes termos: "Se tu tomares, de maneira acrítica, o que pareço estar te oferecendo, estás enganado, estás confundido, devido a que, te refugiando

---

[1] LACAN, J. *Séminaire 23: "Le Sinthome"*. Classe de 13/4/1976, versão Association Freudienne Internationale. Inédito.

[2] Idem. Classe de 9/2/1972.

nesse conteúdo manifesto oferecido, calas teu lugar, não dando curso a tua interrogação aberturista a respeito da demanda do Outro. Por isso, deves saber que a demanda é de outra coisa, recusando tomar, então, o que te ofereço". Com efeito, a demanda é de outra coisa, latência mediante a qual procuramos ir(-nos) ao fundamental, ao fundamento. Em conseqüência, a demanda fundamental aponta a não se alienar ante a incoercível e envolvente tormenta de palavras, ante a imagem sedutora, ante a falaz estabilidade do consagrado[3].

I.c.

Por outro lado, essa referência à singularidade vincula-se também a sua caracterização da "base" definidora da clínica psicanalítica: trata-se, nessa base, "[...] do que se diz numa psicanálise"[4]. Lúcida e precisa pontuação: uma vez excluídos do nosso campo operatório tanto os afetivismos quanto a categoria do supostamente a-verbal da observação visual da conduta manifesta, não nos restam, todavia, apenas os ditos "objetivos" do analisante, porque a caracterização referida envolve também a implicação subjetiva detectável no analista, a partir de suas verbalizações. No entanto, essa circunstância nem lança para a consideração de "diálogo" intersubjetivo algum, nem autoriza a ressaltar ou destacar a duvidosa e gasta noção-curinga de "discurso" (sobre a qual vou voltar depois). Finalmente, não apela a generalizações pressurosas em correspondência a seu suposto valor total, porquanto aponta somente para "*uma* psicanálise" e não para "toda" psicanálise nem para "todas" as psicanálises (concebidas de modo homogêneo). Isso, em primeiro lugar.

Ora, também na sua definição pode-se ler – na minha apreciação – um trânsito detectável no exercício da clínica de "uma psicanálise": é o trânsito que, na definição de outrora, pendula do "*se*" inicial ("O que *se* diz...") ao "*um*" final. Com efeito, no início da cura primam: a impessoali-

---

[3] HARARI, R. *O que acontece no ato analítico? A experiência da psicanálise*. Rio de Janeiro: Companhia de Freud, 2001, pp. 149-150.

[4] LACAN, J. "Ouverture de la Section Clinique", em *Ornicar?, 9*, Lyse, Paris, 1977, p. 7.

dade, o "realismo" – imaginário – tributário dos "fatos" de matiz coletivo, o *racconto* de ordem cronológica, enfim, a fala vazia, indicados conjuntamente pelo "se". Pois bem, caso o desenvolvimento dessa cura transcorrer com eficiência, o "se" em questão irá deixando seu lugar – de modo paulatino e de modo algum linear, vale dizer, com descontadas idas e voltas – à singularidade marcada pelo "um".

Resumindo: no que se segue vou tentar expor alguns dos parâmetros definidores da *minha* clínica psicanalítica, isso é, como ela fez uma mutação, desde meus inícios no seio do kleinianismo argentino dos anos 60, até seu crucial redesenho em função do sulco gerado pelos ensinamentos lacanianos a partir de seu estudo e processamento incessantes, iniciados para os finais dessa década subscrita. Então, para efeitos de tentar esclarecer tal clínica, focalizarei criticamente certos fatos contrapositivos dos quais ela se distancia. Desse modo, tomarão forma – esse é o desígnio – os traços marcantes onde assentam as afirmações integrativas da minha proposta.

Por outra parte, tudo o que foi indicado implica a necessidade de fazer pelo menos dois esclarecimentos: primeiro, que os ensinamentos lacanianos não recaíram num analista "virgem"; segundo, que se trata efetivamente – ao modo do que foi processado, salvando as distâncias, por Lacan com relação a Freud – da articulação desprendível da *leitura* de Lacan na conferência dos dados derivados da *minha* clínica psicanalítica. Com efeito: um leitor não é um colega nem um discípulo[5]. Por isso o que segue – no seu nível – é tão lacaniano quanto freudiano foi o empreendimento levado a cabo por Lacan.

II. Enquadre *versus* montagem

Nem enquadre, então, nem tampouco contrato, como se afirmava na década de 60. Apontava-se, dessa forma, a sanção de um acordo imaginário sustentado numa explícita e egóica série de direitos e de obrigações

---

[5] HARARI, R. "La transmisión del pensamiento de Lacan en la Argentina: de razones, fundamentos, instrumentos y consecuencias". In: *Psicoanálisis in-mundo*. Buenos Aires: Kargieman, 1994, pp. 49-52.

mútuas, vigentes entre analista e analisante, os quais "deviam" ser respeitados, rigorosamente, por ambas as partes. É claro que o referente do dito contrato era o enquadre porque se tratava de comprovar como e quanto haveria o analisante de se afastar do cumprimento de tal contrato, ardil mediante o qual procuraria – e pensar que é um efeito de estrutura... – atacar o enquadre. Este último, portanto, atuava às vezes, como disse, como um Real estagnado, o que nos confronta com uma das caras do Ideal (enquanto irrealizável). Daí que aquele "não ataque ao enquadre" seja de antemão, reitero, obviamente impossível de ser cumprido. Sim, mas não por isso é subtraída a condição de indutor do gozo transgressivo do analisante e do condigno castigo subseqüente, veiculado por via interpretativa (que resulta apenas dissimulado). Por isso o enquadre condena à fixação silenciosa do analisante a um gozo masoquista – era chamado de "culpa, depressão e reparação" –, dando curso, portanto, à realização – também gozosa – do traço fustigador próprio do fantasma do analista.

Pois bem, na minha clínica não me cinjo às regras do enquadre, mas da montagem. Esse conceito, lembremos, é trazido inicialmente à tona por Lacan para caracterizar a pulsão, porque os termos que a compõem – desde sua dilucidação por parte de Freud – não mantêm entre si, *a priori*, uma ligação forçosa. Prevalece na montagem, por conseqüência, o heterogêneo, o imprevisível, a juntura inédita, o inventivo-inventado, na medida em que se trata de uma ligação que não pode ser antecipada e que não é homogênea. Proponho, então, retomando uma pontuação avançada já há vários anos para minha clínica, enquanto orientadora e regente da mesma, a noção de *montagem psicanalítica*[6].

II.a.

Poderíamos supor que essa inventiva, que essa frutífera imprevisão deveria ser executada pelo analista, de acordo com a circunstância de marcar encontro, ou, inclusive, de receber os analisantes sem terem encontro marca-

[6] HARARI, R. "Psicoanálisis del montaje psicoanalítico". In: *Polifonías. Del arte en psicoanálisis*. Barcelona: Del Serbal, 1998, pp. 159-199. Colección Antígona.

do e deixar que eles aguardem na sala de espera seu insondável e repentino chamado para iniciar a sessão? O argumento é que, em tal sentido, é decisivo, visando à eficácia de tal maneira de agir, que o analisante não seja convocado de acordo com alguma possível antecedência da sua parte. Desse modo, por exemplo, o respeito pela convencional e cidadã "ordem de chegada" – vamos lembrar: na sala de espera deve haver uma quantidade medianamente considerável de pessoas para que esse artifício seja funcionalmente efetivo –, a ordem de chegada, dizia, deve ser deixada de lado, porque nós, na psicanálise, agimos conforme outra legalidade, argumenta-se. Ora bem, isso é frustrar a demanda? É se subtrair, por parte do analista, ao lugar de objeto facilmente acessível? É des-ritualizar a cura? É dar lugar efetivo ao desejo do analista? Ou contribuir para se desprender do tempo próprio do Imaginário-especular, que é a antecipação? Ou, mediante tal recurso, pretende-se induzir o analisante a se articular com a castração, combatendo, para tal fim, sua parada narcísica? Ou acaso o encontro – Real – é assim privilegiado, em detrimento do encontro marcado, apaziguador, narcotizante?

A meu ver, esse proceder do analista comporta o ressurgimento da enfatuação prestigiada e oracular do discurso médico, quando não da arbitrariedade gozosa do Amo onipotente e indutor de ciúmes que podem se inscrever no mito edipiano, que, aliás, é capaz de legitimar seu *dictum* indicador de "turnos" devido a que, por "sair" dele, por ser dito por ele, é inerente e indiscutivelmente justo e "terapêutico" (no sentido de curativo).

Em termos óbvios, caberia dizer que o analista dispõe à vontade do tempo do analisante. Logicamente, podemos reiterar na ocasião, o psitacídeo argumento cuja articulação pretende responder ao que foi apontado. De que se trata? Do sintagma cristalizado e vazio que reza assim: em psicanálise, pensamos e obramos em função de outro tempo, que é o tempo lógico, não o cronológico. Mas como se chama o tempo do "faz de mim o que quiser"? Será que o gasto "tempo lógico" explica o capricho histeriforme do analista, enquanto veículo idealizado do gozo do Outro? Desvario, efetivamente.

II.b.

Será também uma variante bem recebida o fato de reduzir tanto a duração das sessões como para não dar, sequer, lugar à análise dos sonhos?

Tanto deve subtrair-se a presença do analista para fins de evitar, segundo se afirma, a pregnância imaginária? Sim: costuma-se dizer que o expressado pelo sonho pode ocorrer também mediante outros "condutos". Será? Não, porque a vertigem gerada, na posição subjetiva, por determinado sonho ou determinado pesadelo – especialmente naqueles que, até esse momento, "não tinham sonhado nunca" – mostra como a análise sofre uma fecunda inflexão porque o analisante, comocionado, "é" esse sonho, está "tomado" por esse sonho, cujo enigma quer desentranhar, indo além das habituais fugas para dar testemunho acerca da mencionada "realidade dos fatos" que enchia seu fio associativo. E eis o acontecimento: quem "não sonhava nunca" deixa de lado sua anterior referência às "notícias" porque os sonhos começam a sobrevir como em tropel, relançando a tarefa analisante a partir de outra perspectiva, de outro nível. De tal modo, amordaçar e coagular a implicação subjetiva desajustante chamada "sonho" comporta, ao sustentar-se a referida teoria expressionista e "cortadora", o cometimento de outro desvario, derivado da extremada brevidade das sessões.

II.c.

Será o silêncio próprio da rigidez cataléptica o melhor antídoto, por parte do analista, para sustentar a neutralidade requerida pelo desempenho da nossa tarefa? Olha só! Como entender, então – e valha apenas como exemplo *princeps* –, a referência de Lacan sobre a sua estimulação em prol das saídas de tal neutralidade, conceitualizada em *Subversão do sujeito...*, como "vacilação calculada"[7]? É claro, mas para isso se requer, por parte do analista, a efetuação de um trabalho de dupla volta, que permita diferenciar a neutralidade da abstinência, a qual labora de acordo com a obtenção da máxima diferença possível. Por isso em muitas ocasiões o analista, para sustentar a abstinência, deve calcular de modo estimativo, ou seja, com castração – como deve sair, e de forma peremptória, da sua neutralidade. E isso, é claro, não acontece sem tormentas transferenciais, as quais, não é

---

[7] LACAN, J. "Subversion du sujet et dialectique du désir dans l'inconscient freudien". In: *Écrits*. Paris: Seuil, 1966, p. 824. Collection Le Champ Freudien.

preciso enfatizar, tensionam ao máximo as condições do praticante para conseguir sair de forma digna das mesmas, com vistas a tratar de impedir a hostil e destituinte passagem ao ato do analisante. Silêncio contumaz e empedernido visando sustentar a neutralidade, para assim não realizar sugestão alguma? Outro desvario.

II.d.

Será uma conduta – valha o termo – apropriada para erigir o dinheiro como significante – e não como signo – o fato de convidar o analisante a pagar quanto ele quiser por sua análise, regulando *ad libitum* essa variável? É combatido assim o *time is money*? Mas como é possível renegar, até esse ponto, o determinante fator fálico-libidinal viscosamente colado ao dinheiro e, muito especialmente, à sua cessão? E não se sabe ainda que quem menos dá mais pede, mais reivindica, mais acusa com querelância o Outro, encontrando-se por tal motivo em geral insatisfeito, ressentido e amargurado, já que "a vida o enganou"? Com efeito, dando livre curso ao "pague quanto quiser e quando quiser e, inclusive, cancele unilateralmente sua sessão combinada ou falte a ela de modo imprevisto sem responder economicamente pelo acontecido", intervertem-se de modo gravoso os caracteres definidores da dívida simbólica. Por quê? Porque o analisante é petrificado no lugar de credor da vida, na medida em que o mundo se encontra em dívida com ele. É claro que, assim, não paga pela sustentação de seu desejo, contra-arrestando e, por que não, anulando a eficiência incidental dos Nomes-do-Pai. Certamente, para tais fins o não-dinheiro – dedicar-se a não tê-lo, mediante a repetição inconsciente de notáveis fracassos de trabalho, financeiros, e similares – constitui o recurso supremo para aniquilar todos os demais significantes, dada a "realidade" aritmética da contagem introduzida. De tal modo, o não-dinheiro faz as vezes de sígnico justificador incontrovertível de tantos gozos estagnados masoquisticamente. O não-dinheiro tem um papel destacadíssimo, que obtura o acesso, nos homens, à condição de genitor, e que impede, nas mulheres, que um homem se torne pai. Evidente: mediante a castração, todos somos expulsos do paraíso perdido da infância, todos cedemos e perdemos para nos constituirmos. Mas não se trata da pura perda, não se trata da suposta obediência ao questionável valor moral chamado abnegação resignada, porque o que se perde por um lado ganha-se por outro – tal a "lei" da castração.

Então nós, analistas, por acaso, estamos situados neste mundo para tratar de paliar os rigores fecundos inerentes à referida assunção subjetiva, mediante a realização do fantasma sustentador da invalidante virtude teologal cristã conhecida como caridade? Outro desvario.

II.e.

Last, but not least: realizamos, enquanto efetuação da cura analítica, uma prática de discurso, ou bem procedemos a uma análise do discurso? Por outro lado, esta concepção permite-(nos nos?) afastarmos quer do afetivismo, quer da confissão da contratransferência, quer da encarnação imaginária de uma mãe "suficientemente boa", quer de atingir uma sublimada relação genital de objeto com o analisante? Mas o que é o discurso, noção que antes denominamos "curinga"? A partir da mais precisa pertinência lacaniana – vale dizer, desde certo período de seus ensinamentos – costuma-se asseverar que discurso é o que faz laço social.

No entanto, e de modo contraditório, acontece que o mais relevante de um analisante radica, precisamente, em todas e cada uma das expressões palavreiras capazes de livrar-se de qualquer laço verbal consolidado em função da ocupação dos lugares virtuais onde se desdobram os conhecidos quatro – ou cinco – discursos. Daí que, depois de superada(o)s seus próprios remetimentos a essa noção, Lacan optasse pela proposta de um vocábulo capaz de acolher, com propriedade e abrangência, o que está em jogo na análise: trata-se do neologismo "falagem"[8] (*Seminário 22*), que despreza, por condensação, toda possível cisão – de raiz saussureana – entre lingua(gem) e fala, porque aponta, tal como o vocábulo realiza em si mesmo, para a invenção de significantes novos, superando desse modo qualquer dicotomia (como a que é própria dos discursos).

---

[8] LACAN, J. *Séminaire 22: R.S.I.* Classe de 11/03/1975. Versão Chollet. Inédita.

Pois bem, a meu ver a falagem compreende, no analisante, o registro onde se incluem suas palavras entrecortadas e quebradas, suas interferências, suas vacilações, suas equivocações – que não são erros –, suas dúvidas, suas confusões, suas interrupções expositivas na metade do caminho, suas titubeações, seus gaguejos, seu entaramelar-se, seus balbucios, seus tropeços, suas torpezas, seus murmúrios, seus engasgamentos e afogos, seus gritos, seus suspiros, suas contradições flagrantes mais desapercebidas, suas inconsistências entre ditos e atos, suas cadências de emissão quase-musicalizada, seus contrapontos levados a cabo dessa forma, suas modulações no referente a queixas, seus esquecimentos, suas lembranças aparentemente imotivadas, excessivas e recorrentes, suas crenças, por fim, referentes à grosseria que está a ponto de enunciar. Então, como subsumiríamos este *corpus* – não exaustivo, inclusive – sob a égide da noção de discurso que faz laço social, ainda que lhe adicionássemos o rótulo "da histérica"? Desvario conceitual, sem dúvida, que obtura nosso campo operatório, lingüistizando-o e mutilando-o, porque na sessão analítica o que é posto em ato não é o *parlêtre*, mas o *ser de balbucio*. E este, é claro, não discursa.

Mas não outra coisa acontece com as incidências tornadas efetivas pelo analista na cura, onde ele mesmo deve realizar uma genuína "violência"[9] sobre a massa fônica ofertada pelo analisante – pondo assim em obra a demanda fundamental – com a finalidade de articulá-la a alíngua. Por isso não se trata da antiga "escuta" mas do "ouvir", apontando assim o analista, ao instar do último Lacan, ao "soar". É sabido que em função da noção de alíngua o mestre francês refuta a anterior primazia outorgada, no seu ensinamento inicial, à língua. Conseqüentemente, o analista – também sem discursar – tanto gera enigmas como perplexidades e equívocos, tanto realiza junturas inesperadas de letras, tanto põe em obra paronomásias, rimas e aliterações – figuras da dicção –, tanto apela a interjeições, interrogações e exclamações, tanto utiliza o sublinhado – apenas da parte inicial, ou média, ou final de um significante, tanto enuncia de modo inconcluso e interrompido, tanto propende a mostrar sua vacilação – como dizíamos –, mani-

[9] LACAN, J. *Séminaire 24: L'insu que sait de l'une-bévue s'aile à mourre.* Classe de 15/03/1977. Versão Association Freudienne Internationale. Inédito.

festando calculadamente assombro, surpresa, desacomodação, incredulidade, cansaço, irritação, elogio, satisfação, e similares, e tanto, por fim, apela às mais clássicas pontuação e escansão. (As quais, como se aprecia, encontram-se praticamente subsumidas nos e pelos recursos assinalados).

Em síntese, esta breve exposição caracteriza um específico e singular laço social? Sem dúvida, pois, a partir da regra fundamental, do pedido de associação livre, nossa *praxis poiética* outorga carta de cidadania legítima àquilo do qual se afastam todos os discursos: a tolice. E ela constitui a "base" do tão singular laço social inaugurado, genial e insolitamente, por Freud. Por isso, a colocação em ato do artifício psicanalítico não obedece à efetuação de nenhum discurso (seja qual for). Por quê? Porque o que foi posto em obra na cura analítica, reitero, é função dos restos caídos, do que "não entra" nos discursos, isto é, das benéficas excretas não processáveis nos e pelos mesmos. Por isso o inconsciente não "se ordena em discurso", já que, ao contrário, o inconsciente desordena o discurso ao conformar as excrescências inassimiláveis por ele. São as excretas, com efeito, as responsáveis por dar corpo efetivo à montagem psicanalítica. Sim: corpo entendido em sentido literal e não meramente metafórico, porque se trata do modo mediante o qual o mesmo readquire seu estatuto na clínica, além da abstração – legítima na sua categoria precisa, sem superfetação – propugnada pela lingüística. Por quê? Porque esta afasta o corpo fônico, emissor e receptor, de seu campo, para os fins de cernir, apenas, o lucubrado objeto formal chamado língua. Sim, trata-se do corpo real linguageiro, que é marcado pelo que comporta o ato de falar: cordas vocais, ar, respiração, dentes, língua, lábios, a emissão da voz e seus tons, entre tantos outros componentes, indiscutíveis, por onde transita a sônica falagem. No entanto, devido ao espartilhamento portado por seu racionalista e restrito âmbito abrangente, a estrutural e mentalista noção de discurso revela-se – apesar das mil e uma exceções e piruetas conceituais intentadas a esse respeito – como um desvario a mais. E não de pouca importância.

III. Conclusão

Para concluir, cabe asseverar que o exposto constitui o andaime fundamental a partir do qual articulo – reitero – *minha* clínica lacaniana. Como já previamente disse com prudência, e para ser mais preciso: *minha clínica lacaniana de hoje*, pois a mesma encontra-se aberta a sua permanente reconsideração. Descontado isso, de todo modo cabe asseverar o seguinte: não-tudo é revisável, porque, depois de quase 40 anos de experiência na prática clínica da psicanálise, algumas propostas referidas à mesma, e à luz do comprovado, não podem ser caracterizadas como alternativas, mas como desvarios contraproducentes.

3

Um duplo lapso de Lacan

À memória de L. Althusser, por sua pontuação, cujo alcance "ele não sabia".

"Não há modo de entender bem o homem se não se repara em que a matemática brota da mesma raiz que a poesia, do dom imaginativo".

J. Ortega y Gasset, *Idéias e crenças*

"Os homens fazem os costumes, mas as mulheres fazem os homens".

R. Rolland, *João Cristóvão*

"La donna é mobile
Qual piuma al vento,
Muta d'accento e di pensiero".

F. M. Piave, *Rigoleto.*

I. Apresentação

Em suas *Conferências* de Saint-Anne, conhecidas como *O saber do analista,* Lacan comete um duplo lapso ao mencionar uma citação que, como epígrafe, encontramos em *Função e campo da fala e da linguagem em psicanálise.* Nosso percurso, como conseqüência, procurará elucidar – para seu proveito conceitual – os termos destes atos falhos; para tanto, não nos centraremos nos presumíveis conflitos – chamados usualmente "pessoais" – do autor, mas nas inflexões teóricas nas quais podemos tomar apoio para fundamentar esse acontecimento. Ao dizer "inflexões teóricas" não pretendemos conotar cortes, rupturas ou "superações benéficas", mas testemunhar, com Dalí, que não se trata de renunciar, mas de continuar. E, assim, situar – no possível – o pensamento de Lacan no seio das práticas cujo trânsito polar – não exclusivo, então – sela seu ímpar ensinamento psicanalítico: do surrealismo à topologia, em retorno.

Um último item para concluir esta breve seção, e que vale como uma recorrente tomada de posição: se não concordamos com o "progressismo" que certas vertentes cultivam em sua leitura de Lacan, tampouco subscrevemos a postura de C. Clément, que sustenta que recorrer à topologia implica uma interrupção na criatividade de nosso comentado, porquanto o levou a implementar, "de maneira repetitiva, umas formas que não terá inventado, que não serão suas"[1]. Os motivos dessa dupla recusa poderão ser encontrados – assim esperamos – em nosso desenvolvimento ulterior.

II. Aproximação ao duplo lapso

II.a.

Na Conferência de 6.1.72, Lacan "recorda" – conforme indica a transcrição – ter feito uso – no *Discurso de Roma* – de "uma espécie de exergo do gênero ritornelo (estribilho)" devido à pena de alguém a quem nunca havia escutado citar até aquele momento. Nessa nova ocasião, sua nomeação advém logo após a inclusão dos seis versos em questão, entendendo, por outro lado, que o estribilho fazia as vezes de "cabelos na sopa" nessa "história de *Função e campo*". Pois bem, acontece que ele presume tal exergo localizado "no nível da parte quatro"[2], quando veridicamente o mesmo abre, com precisão, a parte três[3]. "Cabelos na sopa": indicação de uma pedra no caminho, de uma problemática extemporânea à apresentada pelo aludido Escrito? Algo, talvez, que se engasgaria na garganta do significante e que, como objeto *a*, levaria a cuspi-lo energicamente?

---

1 CLEMÉNT, C. *Vidas y leyendas de Jacques Lacan*. Barcelona: Anagrama, 1981, p. 75.

2 LACAN, J. *Le savoir du psychanalyste* (Entretiens de Sainte-Anne). Classe de 06/01/72. Inédito.

3 LACAN, J. "Função e campo da fala e da linguagem em psicanálise". In: *Escritos*. Rio de Janeiro: Jorge Zahar, 1998, p. 290.

Lacan confessa, ademais, que tomou esse truque – o ritornelo – de um "almanaque" e que seu título é "Paris no ano 2000". Então, não pontua, a rigor, a problemática da antecipação – "ano 2000" – como indício do tempo imaginário? De outro modo: no texto capital sobre o Simbólico, um recurso ao – e do Imaginário – traz uma conseqüência que, através de seu lugar de mancha no quadro, olha desde o Real, como promessa efetiva da limitação do gozo.

Nós nos referimos, pois, aos "três" de Lacan: R. S. I. Mas o lapso diz quatro, e não três; por fim, não parece que aquele insiste em constituir-se – conforme já demonstrado em textos anteriores de nossa autoria – em "o número" lacaniano por antonomásia[4]? E que, por isso, os três anéis dos registros – desde então amarrados – se atam mediante um quarto termo, que é tanto o sinthome[5] quanto o Nome-do-Pai[6]? Valha o lapso como chamada de atenção para os que reduzem o ensino de Lacan à anedota da famosa ruptura da díade por parte do terceiro, segundo dizem, esquecendo, a esse respeito, que nem sequer na díade são dois, pois, nos demonstra a ação constituinte do triângulo pré-edípico, não há dois sem três, mas tampouco há três sem quatro.

II.b.

De quem se trata, então, no referido estribilho? De Antoine Tudal. Cinco letras, tal como o sobrenome de Lacan, o qual, por outro lado, tem suas duas primeiras letras em comum com as duas últimas do escritor, ainda que invertidas: La-al. Se procedêssemos a uma anagramatização de Tudal, lendo-o de modo invertido, obteríamos *Ladut*, vocábulo homofônico – em francês – com *la doute*, a dúvida. E não é por acaso a dúvida a responsável pelo sujeito da certeza[7]? Onde o analisante duvida ao relatar um sonho,

---

[4] HARARI, R. "Metáfora, tema y fora?". In: *¿De qué trata la clínica lacaniana?*. Buenos Aires: Catálogos, 1994, cap. 2.

[5] LACAN, J. *Séminaire 23: Le sinthome*. Classe de 16/12/75. Inédito.

[6] LACAN, J. *Séminaire 22: RSI*. Classe de 15/04/75. Inédito.

[7] LACAN, J. *Séminaire 11: Les quatre concepts fondamentaux de la psychanalyse*. Paris: Seuil, 1973, pp. 31-41.

cabe pontuar ali uma certeza, nos ensina Freud[8]. Essa conjeturada condensação entre Lacan-*la doute* não terá respondido, no duplo lapso, à chamada da demanda do Outro pelo viés afirmativo do nome próprio?

E o "nome próprio" de *Função e campo*... por que tende a perder-se – metaforizar-se – como *Discurso de Roma*? Citar um autor não comporta o *fading* do nome próprio? E não é uma reação separadora, ante dita alienação, o fato de citar equivocadamente os ditos do Outro[9]?

II.c.

O que é citado equivocadamente? Está a cargo da seqüência, da disposição do ritornelo, fato facilitado, sem dúvida, pela circunstância de essa figura constituir uma das variações retóricas da repetição, conhecida como *anáfora*[10]. Vejamo-lo em suas duas versões; a de 1953 (1966) diz:

> "Entre o homem e o amor,
> Há a mulher.
> Entre o homem e a mulher,
> Há um mundo.
> Entre o homem e o mundo,
> Há um muro".

Por sua vez, a de 1972 assevera:

> "Entre o homem e a mulher,
> Há o amor.
> Entre o homem e o amor,
> Há um mundo.
> Entre o homem e o mundo,
> Há um muro".

---

[8] FREUD, S. A interpretação de sonhos. In: *Obras Completas*. E.S.B. Rio de Janeiro: Imago, 1976, vol. V, pp. 546-568.

[9] LACAN, J. "Posição do inconsciente". In: *Escritos*. Rio de Janeiro: Jorge Zahar, 1998.

[10] MORIER, H. *Dictionnaire de poétique et de rhétorique*. Paris: P.U.F., 1981, pp. 109-110.

Destaquemos, antes de entrar especificamente neste novo lapso, como Tudal constrói morfologicamente este bordão, este estribilho. Nota-se que, se se colocam em linha horizontal os dois extremos consignados pelo sintagma de início, podem ir-se situando, paulatinamente, as "interposições" – assim as chama Lacan – enumeradas nos sucessivos. Do que resultaria o seguinte (a partir da versão original):

Homem Muro Mundo Mulher Amor

Isto, na *Conferência*, é transformado assim:

Homem Muro Mundo Amor Mulher

Pois bem, mediante uma graficação do espaço intuitivo, transcendental, a seqüência formal que se desprende deste sonsonete de baixa qualidade (*vers de mirliton*)[11] seguiria este desenho:

$$a \longrightarrow b \longrightarrow c \longrightarrow d \longrightarrow e$$

II.d.

Se convalidássemos o disposto na unidirecional cadeia prévia, teríamos sido ingenuamente apanhados pelo saussureano "caráter linear do significante"[12], o qual, ao propor a sucessividade, oferta, junto, a diacronia evolutiva. Capta-se, então, como uma disposição espacial, enquanto direcionalidade progressiva, arrasta uma conseqüente idéia do tempo. Progressiva: mediante esse vocábulo queremos pontuar como esta constelação preside a concepção do conhecido "pente invertido" que Freud inclui, como gráfico do aparelho psíquico, na *Interpretação dos sonhos*[13]:

---

[11] LACAN, J. *Le savoir du psychanalyste*. *Op. cit.* Classe de 06/01/72.

[12] SAUSSURE, F. *Curso de lingüística geral*. São Paulo: Cultrix, 1993, pp. 142-143.

[13] FREUD, S. "A interpretação de sonhos", vol. V. In: *Obras Completas*. E.S.B. Rio de Janeiro: Imago, 1976, pp. 573-577.

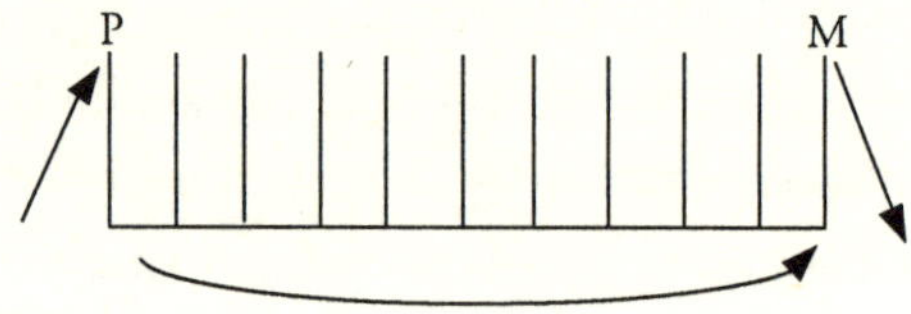

Parece notório o fato de que esse esquema não é assim devido às constrições promovidas pela folha de papel, pois a linearidade transmite com rigor a textura freudiana[14]. Quer dizer, não se trata de colocar uma possível juntura entre os extremos arqueados, de modo que isso pudesse chegar a tornar-se – como aplanamento – uma circunferência limitante – obviamente – de um círculo ornada de traços que arremedam o desenho infantil do sol:

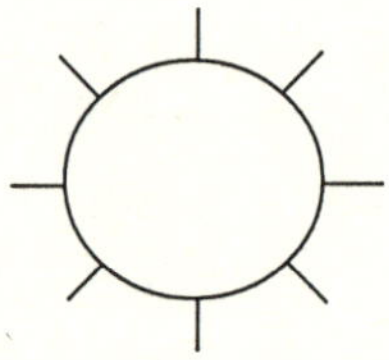

Em suma: como processar a insubstituível elisão tanto do progressismo sucessivizante quanto do eterno retorno promovido pelo percurso circunferencial? É aqui quando Lacan recorre – na *Conferência* – à superfície unilateral conhecida como garrafa de Klein, a qual lhe permite realizar um trajeto onde o retorno-ritornelo nunca é ao mesmo lugar, pois toda volta transita a "outra" face, dissolvendo a oposição interior-exterior – recurso notável e inventivo, sem dúvida, que o autoriza a evitar tanto a afirmação da identidade quanto a da mera diversidade, segundo o tradicional costume metafísico. Mas não apenas isso: a garrafa convida a conceber a presença tanto virtual como efetiva, tanto constituinte como localizada, do buraco homogeneamente organizador ao qual denomina castração. Por isso é que esta esburaca todos os "estádios" libidinais[15], redefinindo-os confor-

[14] LACAN, J. *Séminaire 2: Le moi dans le théorie de Freud et dans la technique de la psychanalyse*. Paris: Seuil, 1978, pp. 167-171.

[15] LACAN, J. *Séminaire 11: Les quatre concepts fondamentaux de la psychanalyse. Op. cit.*, p. 2.

mes a ela; mas, também por isso, seu papel crucial como borda e limite. Sem ela, rompe-se a estrutura; graças a ela, a pergunta pelo gozo se reconduz – a partir de Tudal, que fala, diz Lacan, desde o lado do homem –, se reconduz, dizíamos, ao focal, parcial, local: o gozo fálico.

É que em *Função e campo*... o desígnio era pelo amor, quer dizer, pelo engano narcísico, o qual consiste em que querer é, na verdade, querer ser amado. Para tal, a mulher conforma um engodo inteligente: pela mulher procurar alcançar o amor. E, contudo, "cabelos na sopa": em 1972 é, pelo amor, procurar A̸ mulher. Só que esse amor – a garrafa o sustenta –, se é "fluxo" de um lado a outro, não existe senão em função do gozo fálico – mediante a castração –, que faz obstáculo ao imaginado gozo do Outro, impedindo, por conseqüência, a relação sexual.

Assim o desenha Lacan[16]:

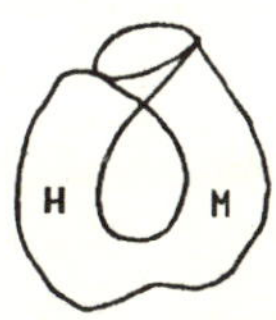

Sua explicação é mais bem apreendida se se segue a superfície através do desenho de Fréchet e Ky-Fan[17]:

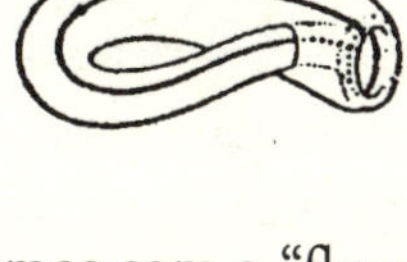

Em suma, se deslizamos com o "fluxo" de H a M, o fazemos através do círculo-buraco do amor; "voltando" ao homem – que, carente de mascarada, permanece homem. Este encara o mundo – situado onde se encontrava a mulher e, logo após atravessar o amor –, mas, oh, decepção!: não há apreensão do mundo, pois se interpõe o muro-castração, localizável-evanescente no lugar onde só acreditávamos reconhecer o amor. Fazendo

[16] LACAN, J. *Le savoir du psychanalyste. Op. cit.* Classe de 06/01/72.

[17] FRÉCHET-KY-FAN, M. *Introducción a la topología combinatoria.* Buenos Aires: Eudeba, 1974, p. 38.

um jogo de palavras capaz de dar conta do lapso, eu diria então: entre o homem e a mulher, há um mundo de distância; quando o homem a pega por uma cara, se lhe escapa pela outra; quando vai atrás desta, perde a primeira. Ponto dramático, sem dúvida, que a infidelidade não consegue resolver; porque a questão já não está no amor, senão no mistério de A̸ mulher, mediado pelo obstáculo fálico, que falta a seu lugar.

III. Do surrealismo à topologia, em retorno

III.a.

Pouco tempo antes de sua queda, Althusser – sempre generoso – dizia ao infra-escrito aproximadamente isto: "Lacan é um psicanalista surrealista"[18]. Se bem que o tom irônico não pretendia ocultar sua crítica, a observação estava grávida de lúcidas conseqüências. Porque, por acaso, a topologia cai em Lacan qual raio em um límpido céu de primavera? De modo algum: no nosso modo de entender, ela não conforma senão uma face privilegiada – na garrafa de Klein – do território basal a partir do qual escreveu vários de seus primeiros escritos inseridos na revista surrealista *Minotaure*. Assim, em *De nossos antecedentes*[19], não deixa de mencionar o reconhecimento de que sua Tese[20] – de 1932 – havia sido objeto por parte tanto de Crevel como de Dalí. Este último, em particular, ressaltou como o "admirável" trabalho de Lacan permitiu recusar "as misérias mecanicistas", pondo de lado a idéia de que o fenômeno paranóico implicaria uma elaboração *a posteriori*, havida em função de vagos fatores constitucionais[21]. Acontece que o próprio artista, superando a inicial concepção surrealista da escrita automática, apóia sua ênfase no cultivo do método da paranóia crítica, por intermédio da qual a representação, o mundo, a realidade encontram-

---

[18] ALTHUSSER, L. "Comunicação pessoal", fevereiro de 1980.

[19] LACAN, J. "De nossos antecedentes". In: *Escritos.* Rio de Janeiro: Jorge Zahar, 1998, p. 69.

[20] LACAN, J. *De la psicosis paranoica en sus relaciones con la personalidad.* México: Siglo Veinteuno, 1976.

[21] DALÍ, S. *Nuevas consideraciones generales sobre el mecanismo del fenómeno paranoico desde el punto de vista surrealista. Sí.* Barcelona: Ariel, 1977, p. 35.

se ainda mais beneficamente solapados. Nesta ordem, conforme Roudinesco, Dalí ilustra seu decurso mostrando a aparição de imagens duplas, o que o autoriza a sustentar que o fenômeno paranóico é pseudo-alucinatório. Na pintura, por exemplo, "a imagem de um cavalo é ao mesmo tempo a imagem de uma mulher". Nas palavras do genial espanhol: "É por um processo nitidamente paranóico que tem sido possível obter uma imagem dupla, quer dizer, a representação de um objeto que, sem a menor representação anatômica ou figurativa, seja ao mesmo tempo a representação de outro objeto, desembaraçada esta também de todo gênero de deformação ou anormalidade que poderia descobrir qualquer arranjo". E essa idéia da imagem dupla cancela a tradição psiquiátrica segundo a qual "o paranóico comete erros de juízo que teriam por corolário um delírio razoável"[22]. A transitoriedade, *a anfibologia*, a plurivocidade dão lugar à constituição de um espaço não impregnado por boa forma – *gestalt* – alguma. Mas – no juízo de Breton – acontece que este embate contra o reino da intuição sensível, imediata, coletiva, arroja um efeito surpreendente: demonstra ter o poder de tornar verificáveis suas inesperadas impressões[23].

III.b.

Contudo, não satisfeito com os destinos do novo método, o grupo citado tratou de "povoar" o mundo com "objetos surrealistas". O que são estes? Segundo Nadeau, trata-se de qualquer objeto deslocado – fora de sua esfera habitual – ou "empregado para usos distintos daqueles para os quais está destinado ou cuja função é desconhecida"[24]. Fabricam-se, assim, as *collages* de Ernst, os *ready-made* de Duchamp, os objetos matemáticos de Man Ray, os *combine painting* de Rauschenberg, as *accumulations* de Arman, os seres-objeto de Dalí[25], entre tantos outros, e isso para-além de que seus

---

[22] DALÍ, S. "L'âne pourri", *apud* ROUDINESCO, E. *Histoire de la psychanalyse en France.* Paris: Seuil, 1986. V. 2, p. 125.

[23] BRETON, A., *apud* NADEAU, M. *Historia del surrealismo.* Buenos Aires: Santiago Rueda, 1948, pp. 198-199.

[24] NADEAU, M. *Historia del surrealismo.* Buenos Aires: S. Rueda, 1948, p. 199.

[25] ALEXANDRIAN, S. *O surrealismo.* São Paulo: Verbo-Edusp, 1976, p. 154.

autores reconheçam ou não a sua filiação surrealista. Como bem assinala Cirlot, é precisamente neste contexto que adquire sua pertinência o clássico "Eu não procuro, encontro", de Picasso[26], que tão abundantes dividendos proporcionou ao ensinamento lacaniano[27]. É de novo o extravagante artista ibérico quem melhor caracteriza o acontecimento mediante a instrumentação da paranóia crítica, ao discorrer acerca de uma qualidade do objeto surrealista – que transcende os de "funcionamento simbólico" – que ele denomina "psico-atmosférico-anamórfico": "Franqueado o período simbólico, o objeto se faz e se 'corrobora' por sua própria 'constituição real' e já não pelas evocações associadoras de sua constituição. O 'enigma lírico' acaba de adquirir, além da bruma didática dos símbolos, a verdadeira 'constituição materialista'. *Trata-se do advento paranóico do objeto*"[28], termina sublinhando. Seu empreendimento, conseqüentemente, consiste em tentar dirigir-se à estrutura; para isso, deve evitar o recurso ao símbolo, cujo deslizamento incessante é patrimônio de uma posição congruente com a do amor: isto é, a do narcísico subjetivismo perspectivista. De outro modo: a procura visa deslocar i(a) para tolerar o enfrentamento com o que se subtrai à imagem. Quanto de "objeto surrealista" – resto, dejeto – tem a concepção do objeto *a*? A apolínea harmonia, o alcançado equilíbrio das formas, convoca ao olhar tanto como o citado invento surrealista? Pergunta retórica, claro, pois os referidos objetos fendem a homogeneidade do espaço, traçam uma hiância, insuflam uma pulsação temporal.

III.c.

Mas não é outra coisa o que propõem as insólitas superfícies topológicas; e isso não menos que os nós. Do mesmo modo, ocorre o referido à garrafa de Klein: a homogeneidade é a do buraco, não a do

---

[26] CIRLOT, J-E. *El mundo del objeto a la luz del surrealismo*. Barcelona: Anthropos, 1986, p. 52.

[27] LACAN, J. *Séminaire 11: Les quatre concepts fondamentaux de la psychanalyse. Op. cit.*, pp. 12 e segs.

[28] DALÍ, S. "Objetos psico-atmosféricos-anamórficos". *Sí. Op. cit.*, pp. 71 e 75, grifo do original.

espaço; por outro lado, o fácil convite oferecido pela representação intuitiva cai quando nos damos conta – com Lacan – de que tal objeto não se define senão por meio de coordenadas vetoriais[29]. Conseqüentemente, esse objeto não implica nenhuma composição pictórica clássica. Contudo, o suporte representacional – andaime da verossimilitude – ainda podenos trazer um benefício, pontuação através da qual nos aproximamos do final desta breve comunicação. Trata-se de dar conta do seguinte: se se coloca sobre seus pés uma garrafa de Klein, o traçado resultante não é outro senão o arco pertencente ao circuito da pulsão, em seu contorno do *a*, retornando ao buraco:

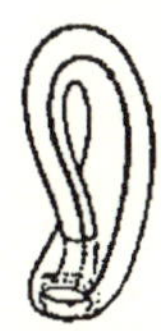

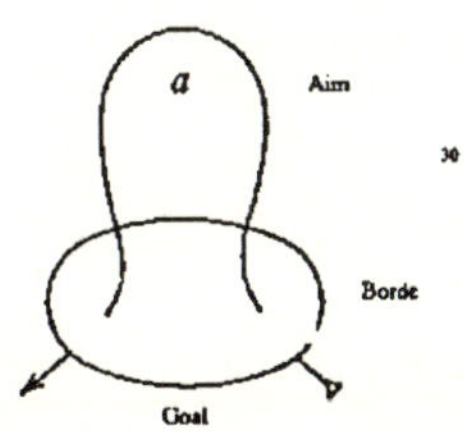

Porque, se a pulsão se parece a algo, é à montagem de uma *collage* surrealista, afirma Lacan[30].

Chegamos, então, a uma tese e a um pequeno quadro comparativo da rede conceitual mobilizada em torno das dissímiles menções do ritornelo. A tese é a seguinte: é pela recorrência em retorno – em *Nachtrag* – ao surrealista mediante a garrafa de Klein que Lacan passa falhamente um pedaço do saber referencial não elucidado em 1953-66. No seu dizer, esse avanço, essa colocação da castração – a que sempre se joga quando algo sério acontece entre um homem e uma mulher – "é algo que trataremos de alcançar por vias que sejam um pouco rigorosas: não podem sê-lo senão lógicas e, mais ainda, topológicas"[31]. E, nisso, a episteme surrealista comporta uma inesperada flexão decisiva.

---

[29] LACAN, J. *Le savoir du psychanalyste. Op. cit.* Classe de 06/01/72.
[30] LACAN, J. *Séminaire 11: Les quatre concepts fondamentaux de la psychanalyse. Op. cit.*, p. 154.
[31] LACAN, J. *Le savoir du psychanalyste. Op. cit.* Classe de 06/01/72.

O quadro:

1953-66	Narcisismo	i' (a) [32]	Espaço homogêneo	Amor	Tudal
1972	Pulsão	*A*	Buraco homogêneo	Castração	"Ladut"

IV. Um ritornelo conclusivo

Glosando Tudal, e através de uma anáfora débil, permitam-nos o *Witz* destes seis *vers de mirliton*:

Entre a realidade e o pouco de realidade,
Há o surrealismo.
Entre o surrealismo e a topologia,
Há a estrutura.
Entre a estrutura e a psicanálise,
Há Lacan.

V. Post-scriptum

V.a. Um encontro, outro lapsus

Valeria a pena destacar que na aula seguinte de *O saber...* – a de 03/02/72 – Lacan retorna sobre o ritornelo, enunciando-o dessa vez de modo correto? Em verdade, isso não abona senão o que o nosso texto pretende demonstrar: trata-se de uma equivocação, e não de um erro; como conseqüência, o dado referido não agrega nada novo à ordem das razões expostas.

Por outro lado, o que motiva essas linhas adicionais é um episódio daqueles que podem ser colocados, de modo significativo, na conta des-

[32] LACAN, J. "Observação sobre o informe de Daniel Lagache: 'Psicanálise e estrutura da personalidade'". In: *Escritos*. Rio de Janeiro: Jorge Zahar, 1998, p.297.

concertante da *Tujé*[33]. E, como psicanalistas, não abjuramos das anedotas – menos ainda das pessoais – e procuramos – rejeitando a obscenidade imaginária que as impregna – sua elevação à dignidade de apólogo[34], o que então permite-nos incluir uma daquelas que correspondem diretamente ao *vers de mirliton* em questão.

Pouco tempo atrás, instalou-se, a poucos metros de meu consultório, uma loja das que podem denominar-se "livraria de velho", na medida em que se dedica à compra e venda de livros usados, inclusive de revistas em quadrinhos. O cotidiano *Not des Lebens* fez-me passar muitas vezes por sua vitrine sem reparar no que ali estava exposto; finalmente, um dia minha visão, ao acaso, foi atraída por um sobrenome que encabeçava o livro mais próximo da borda do vidro: GRAF – Max Graf, que escrevia a respeito de Viena como cidade musical. Recordemo-lo: seu filho, Herbert, é aquele a quem, nós psicanalistas, conhecemos como pequeno Hans. Contudo, não era somente este livro, com segurança, o responsável pela minha impensada detenção, posto que a seu lado mostrava-se um desalinhado exemplar cuja capa rezava: *Almanach de Paris an 2000*. Na parte inferior da capa, havia uma estrela de oito pontas bordejada pelo ano de edição: 1950. Sem dúvida, a metonímia até o livro de GRAF não durou senão subliminares instantes. Decidido a folhear o volume para verificar se minha presunção era acertada, não deixou de provocar-me certa desacomodação o fato de que os dois donos da "livraria de velho" – já que seus diálogos pecuniários sobre o material em exposição indicavam indubitavelmente a dita condição – fossem apenas adolescentes. Entretanto, em minha busca – do lugar no Outro? – o índice do pitoresco livreto – repleto de fotografias, ilustrações e vinhetas de Colette – concluía com felicidade: na página 273, encontrava-se "Obstacles", de Antoine Tudal. E daí, claro, à decisão de compra não distou nem um passo.

---

33 *Tujé* é a versão, em espanhol, para o termo grego *Tyche*, que foi assimilado, em geral, como noção de acaso. (N. dos T.)

34 HARARI, R. "¿Lectores: lecturas?". Trabalho apresentado na *Reunião Lacanoamericana de Psicanálise de Gramado*, Brasil, 26-29/05/1988, e publicado pela Revista *Psiché*, III, Buenos Aires, 23/08/1988 e incluído posteriormente no livro, do mesmo autor, *Polifonias del arte en psicoanálisis*. Barcelona: Serbal, 1998.

Uma vez que o módico exemplar foi colocado no meu escritório, transcorreram-se várias horas de trabalho com analisantes até que pude dispor-me, com tempo, a percorrer suas páginas. Inicio – valha singularidade! – pela apresentação, onde consta o sentido, o propósito que levou à organização desse original *Almanach*: tratava-se de homenagear Paris no ano referido na edição, no qual a Cidade Luz faria 2000 anos! Se o leitor o tem presente, recordará que meu capítulo alude a como Lacan propõe a antecipação – imaginária – ao fazer menção ao ano 2000. Lastimoso: parecia que, agora sim, havia detectado um erro, e não uma equivocação. Para piorar, o erro era meu. Vergonha, fantasma de incontinência, já que – me dizia – como pude fazer algo assim? *Exemplum* do fato de "salvar" o pai, esse presumível erro resultou ser, em definitivo, uma nova equivocação de Lacan; com efeito, em meio ao meu mal-estar, fui às edições francesas de *Fonction et champ...* e *Le savoir...*, onde se lê, em ambos os casos, o seguinte: *Paris en l'an 2000,* ou seja: Paris no ano 2000. Que não é o mesmo, por certo, que *Paris an 2000* (Paris ano 2000). Como conseqüência, o duplo lapso de Lacan resulta ser, assim, triplo, para nova surpresa – e por que não alívio? – de quem isto escreve. Observe-se: a comemoração de um aniversário – do dia do nascimento, vale dizer, da cena primária e da gestação-geração – transmutou-se em uma antecipação esfumada, na medida em que seus contornos permanecem indefinidos. Agora bem, como ele glosa, inversamente, a relação com a finitude, com o limite, com a castração, o novo lapso circunscrito? Citando Tudal, que, ao redigir o seu poema – segundo informa *o Almanach* –, tinha 14 anos! Recapitulemos: Max Graf e o pequeno Hans; a "livraria de velho" e seus donos adolescentes; por último, Lacan – Tudal. Não será, então, que a recepção das letras do dom paterno não se realiza senão por meio da sublimada "prepotência de trabalho" à qual fazia menção Roberto Arlt? E que essa "herança" – significante – não "faz vitrine" senão no lugar mais *tujicamente* inesperado, sem parar para refletir nos irrelevantes laços de parentesco? De outro modo: chegarão os ensinamentos de Lacan ao ano 2000, conforme os *errôneos* "cuidados" filiais a eles prodigados, se cada obra "encontra" seus leitores, e se estes só podem *existir* na medida em que o Pai não é Ideal (posto que se *equivoca*)?...

V.b. Os versos de um adolescente

Agora, para concluir, parece oportuna a inclusão do texto restante dos versos de Tudal, dada sua condição de material de difícil obtenção. E isso com o propósito de que seu enunciado possa chegar a enriquecer o entendimento de dois capítulos não precisamente desdenháveis no itinerário de Lacan: trata-se do "(a)muro" em sua relação com o amor[35 e 36], por um lado, e do "muro da linguagem"[37 38 e 39], por outro. Sua elucidação, claro está, excede os limites do presente; dessa maneira *conforma,* antes bem, um convite aos leitores.

A redação, logo após o estribilho, prossegue assim:

Les forts enforçent le mur,
Les adroits l'escaladent,
Les patients le grattent.
Pour d'autres un mur est un mur
Ils le longent sans penser à mal.
... ni à bien.
Le bien et le mal
Existent cependant pour eux,
C'est un mur comme l'autre
Qui leur donne son ombre.

Aux emmurés tout est mur
Même une porte ouverte.

---

[35] LACAN, J. *Le savoir du psychanalyste. Op. cit.* Classe de 03/02/72.

[36] LACAN, J. *Séminaire XX: Encore.* Classe de 21/11/72. Versão GT/S. Inédito.

[37] LACAN, J. "Função e campo da fala e da linguagem em psicanálise". *Op. cit.*, pp. 290 e 283.

[38] LACAN, J. *Séminaire II. Le moi dans la théorie de Freud et dans la technique de la psychanalyse. Op. cit.*, pp. 285-288. Edição brasileira por Jorge Zahar, 1985, pp. 295-311.

[39] LACAN, J. *Le savoir du psychanalyste. Op. cit.* Classe de 03/02/72.

(Los fuertes derriban el muro,
Los diestros lo escalan,
Los perseverantes lo rasgan
Para otros un muro es un muro
Lo bordean sin pensar mal.
... ni bien.
El bien y el mal
Existen sin embargo para ellos,
Es mi muro como otro
Que les da su sombra.

Para los amurados todo es muro
Incluso una puerta abierta.)

4

O inconsciente estrutura-se como uma linguagem?

I. Introdução

O apotegma "*O inconsciente é estruturado como uma linguagem*" passou a fazer parte do acervo cultural do século marcado pela psicanálise. Através dele, Lacan tentou delinear um traço definidor e irrecusável do sujeito do inconsciente: trata-se de que este não comporta senão os efeitos da sua instituição como ser falante[1]. Sendo tributário, assim, da linguagem, é suficiente o dito apotegma para transmitir cabalmente os "avanços lacanianos" que se referem ao inconsciente freudiano? Na minha opinião, essa pergunta retórica deve ser respondida de maneira negativa; à sua validação, portanto, estão dedicadas estas linhas.

II. Desabonado do inconsciente

O reencontro com Joyce impulsiona Lacan ao desenho, tanto da sua última reconsideração a respeito das implicações dos efeitos da linguagem na posição subjetiva, quanto da reação – não sem um gozo já

---

[1] LACAN, J. "Posição do inconsciente". In: *Escritos*. Rio de Janeiro: Jorge Zahar, 1998, p. 849.

nem fálico nem místico – desta última ante esses efeitos. De que se trata? Do assinalado pelo seu conceito: "desabonado do inconsciente"[2]. Se a assinatura compromete o sujeito a um pagamento adiantado pela recepção de um bem (pelo qual aposta que vai obter – de modo regular, periódico e recorrente – uma recuperação do gozo), o desabono, por outro lado, marca a ruptura com a tal aposta. Assim, deixando de gozar do inconsciente que o determina[3], o sujeito, sem suspiro nem nostalgia, desamarra-se – por meio da pulsão de morte – de uma *ensamblagem* significante que, como S_1, mantinha-o subsumido ante a representação que o representava. Sim: desatamento, desvinculação, rompimento do abono do *Automaton* para abrir-se à indeterminação, a algum eventual encontro decorrente da Tiquê.

III. Uma autocrítica de Lacan

Já o *Seminário 21* continha uma inusual autocrítica de Lacan: afirmava nele que a suposta conexão forçosa e inevitável vigente entre dois significantes constituía "um erro"[4]. Entendo que Lacan pode realizar esta objeção devido a que a clínica desenvolvida pela lógica borromea lhe permite conceber um tipo diferente daquele da cadeia significante. É que a cadeia borromea pede a independência mútua dos dois elos iniciais – apenas superpostos, e fazendo falso buraco entre eles[5] – ao passo que a cadeia significante se escreve como vinculadamente olímpica, isto é, entrelaçada. É por isso que a borromea indica uma mobilidade e uma autonomia do material do significante – ou seja, da letra –, o que modifica, por si, a usual modalidade canônica definidora do sujeito.

---

[2] LACAN, J. "Joyce o sintoma". In: *Shakespeare, Duras, Wedekind, Joyce*. Lisboa: Assírio & Alvim, 1989, pp. 141-42.

[3] LACAN, J. *Séminaire 22: R.S.I.* Classe de 18/02/75. Inédito.

[4] LACAN, J. *Séminaire 21: Les non-dupes errent*. Classe de 11/12/73. Inédito.

[5] HARARI, R. *Como se chama James Joyce?: a partir do Seminário Le Sinthome de J. Lacan*. Salvador: Agalma. Rio de Janeiro: Companhia de Freud, 2003, pp. 25-53.

IV. Só sujeito dividido?

Efetivamente, o sujeito era representado por um significante ante – ou para – outro significante; bem, se for quebrada a inter-remissão significante, cancela-se paralelamente a concepção do sujeito definida por seu intermédio. Por isso não deve surpreender a circunstância de que o "último Lacan" avance, junto ao desabono e à lógica borromea não-olímpica, sua noção escrita como LOM[6]. Sim, trata-se de uma homofonia de *l'homme*, "o homem". Volta, então, a uma idéia caduca e amplamente desprezada por ele enquanto preconceito próprio do *húmus*? É um retorno do indiviso? Pode-se aceitar que se trata de um retorno com diferença, pois esta surge ao nos darmos conta da indicação dada pelo escrito por *LOM*: é um significante novo, que adquire entidade pela escrita, já que, sob o ponto de vista fônico, resulta semelhante. Então: não há partição ilimitada, mas divisão limitada ao Simbólico, e autonomia de LOM para resgatar, como ato, o potencial da linguagem, desassociado já do aludido registro.

V. Homofonia, e não somente homonímia

O significante *LOM*, em ato, indica um proceder ao analista, porque o convida para não associar indefinidamente baseando-se na imprescritível polissemia de todo significante consolidado na língua, mas, sim, ensina-o a desfazer e a recompor os vocábulos sustentando – como diria Jakobson – a "carpeta fônica" da linguagem[7]. Joyce, novamente, mostra a Lacan o processo – inaugurado por L. Carroll – do encaixe, do embutir as palavras até configurar as "*mots-valise*", ou palavras-valise. Nelas predomina a realização de uma síntese disjuntiva[8], ao modo de "*caosmos*", o que assinala a insuficiência de pensar em termos de opostos. É sabido: este princípio, o da

---

6 LACAN, J. "Joyce le Symptôme", AA.VV. Joyce et Paris. 1902 … 1920-1940 … 1975, PUL-CNRS, Paris: Lille, 1979, pp. 13-16.

7 JAKOBSON, R. *Linda Waugh, La charpente phonique du langage*. Paris: Minuit, 1980.

8 DELEUZE, G. *Lógica del sentido*. Barcelona: Barral, 1971, pp. 62-68.

dialética, foi também objeto da autocrítica de Lacan, que aceitou ter se vangloriado por seu uso contínuo[9]. Nem contrários, nem síntese superadora; mas sim embutimentos letrinos[10] com "gozo mental"[11] que já não dependem das parcializações do corpo nem das constrições do código. Claro, porque é a ausência do sentido (ou ausentido) que catapulta a gênese de significantes novos. Capta-se, portanto, quão distante se acha este proceder do cifrado pela fórmula freudiana "fazer consciente o inconsciente (que foi pré-consciente)".

VI. Intradução

Como não se procura tão-só um sentido metaforizado – domínio do Simbólico –, como não se procede tão-só através do "o que isso quer dizer?", como a escuta não se orienta tão-só pelo lugar do tradutor, pois bem, por isso tudo Lacan homenageia Joyce como introdutor da *intradução*[12]. Já não são somente os nomes próprios os que não se traduzem, pois o próprio Lacan eleva o freudiano *Das Unbewusste*, "O inconsciente", à dignidade da intradução ao transmiti-lo como *l'une-bévue* – intradução interlingüística, então. Assim, é sempre necessário um princípio mínimo de bilingüismo para intraduzir? Não, porque LOM é bífido, mesmo que fale só uma língua, pois esta sempre se bifurca, sempre toma outras vias, sempre aceita – e demanda – desvios da ordem do clinamen[13]. E não são os títulos dos *Seminários* de Lacan que vão do *19* ao *24* todos eles intraduzidos e bifidamente homofônicos?

---

[9] LACAN, J. "Discours de clôture. Jornées d'étude des cartels de l'École Freudienne". In: Lettres de l'École Freudienne de Paris, 18, 13/04/1975.

[10] Vocábulo que alude tanto a "letras" quanto a "latrina". (N. dos T.)

[11] LACAN, J. *Séminaire 19: "... ou pire"*. Classe de 08/03/1972. Inédito.

[12] LACAN, J. "Postface". In: *Séminaire 11, Les quatre concepts fondamentaux de la psychanalyse*. Paris: Seuil, 1973, p. 252. Publicado no Brasil por Jorge Zahar, 1979, p. 264.

[13] HARARI, R. "Inconsciente: clivaje; síntoma: clinamen". In: *La pulsión es turbulenta como el lenguaje. Ensayos de psicoanálisis caótico*. Barcelona: Serbal, 1998, pp. 19-33.

VII. *Alíngua*

Autocriticada também por Lacan, sua – praticamente inicial – adscrição à lingüística[14] pode se comprovar como "revelada" pela *linguisterie*, palavra-valise que embute a aludida disciplina com a histeria. (Por isso, em castelhano, corresponde intraduzir "linguhisteria"). Assim, o "objeto" desse quase paródico "novo ramo do conhecimento" designa-se *alíngua* (*lalangue*). Efetivamente: suprimido o artigo gramatical como elemento independente, elimina-se ao mesmo tempo o reenvio ao universal. Por outro lado, define-se o alcance da língua materna – que é a da mãe com seu bebê – indicada pela "lalia", pela "lalação" escrita nas letras iniciais deste vocábulo neológico. Constituirá alíngua, então, um "cul de sac" [fundo, por exemplo o fundo de uma garrafa] inconsciente, como resíduo de traços primitivos, arcaicos? É alíngua, por acaso, o pano de fundo elementar de a língua? De modo nenhum, pois a indicação de Lacan reside em tratar a todas e cada uma das palavras como o processado com *a língua-alíngua*. Indicação de outra forma de escuta, convite a uma operatória específica do analista já não trabalhando com o Simbólico generalizado. Sim: *alíngua* é tal devido à práxis do analista com o Real da linguagem: por pontas, por fragmentos, sem lei nem ordem[15], instrumentando um *forçamento* (*forçage*) cabal[16].

VIII. Conclusão

À luz do exposto, talvez se possa captar o porquê das freqüentes críticas do "último Lacan" ao inconsciente – "lucubração", "dedução suposta" e similares –, as quais desembocam na seguinte asseveração do seu *Seminário 25*: "A hipótese a respeito de que o inconsciente seja uma extrapolação não é absurda e constitui precisamente o porquê do recurso de Freud ao que se denomina a pulsão"[17]. Porque a pulsão, efetivamente, permite novas inscri-

---

[14] LACAN, J. *Séminaire 24: L'insu que sait de l'une-bévue s'àile à mourre.* Classe de 19/04/77. Inédito.

[15] LACAN, J. *Séminaire 23: Le Sinthome.* Classe de 13/04/76. Inédito.

[16] LACAN, J. *Séminaire 24: L'insu que sait de l'une-bévue s'aile à mourre. Op. cit.* Classe de 19/04/77.

[17] LACAN, J. Séminaire *25: Le moment de conclure.* Classe de 15/11/77. Inédito.

ções, desatando os significantes que amarram um gozo sintomático parasitário, conduzindo-os de acordo com um regime que a teoria do caos denomina de "atratores estranhos"[18]. Sim: de um caos ordenado que questiona "o equilíbrio" sustentado pelo gozo fálico do sintoma, promovendo no seu lugar a identificação com o sinthome[19].

---

[18] HARARI, R. "Caos sexual en objetos disipativos". In: *Las disipaciones de lo inconsciente*. Buenos Aires: Amorrortu, 1997, pp. 129-135 (Publicado no Brasil: Porto Alegre: CMC, 2003, pp. 130-147).

[19] LACAN, J. *Séminaire 24: L'insu que sait de l'une-bévue s'aile à mourre. Op. cit.* Classe de 16/11/76.

5

De paradoxos clínicos desde a psicanálise caótica

> "O verdadeiro é demasiado simples; sempre há que alcançá-lo através do complexo".
>
> G. Sand, *a Armand Barbès*

> "Que é o homem senão uma contradição vertical?
> E que seria da vida sem esta contradição ambulante e pensante?".
>
> A. Nervo, *Em torno da guerra*

> "O caminho dos paradoxos é o caminho da verdade".
>
> O. Wilde, *O retrato de Dorian Gray*

I. Introdução

Prosseguindo o percurso iniciado na *Reunião Lacanoamericana de Psicanálise de Buenos Aires* (1995) e continuado na Bahia (1997), tentarei, nesta comunicação, aprofundar um dos itens integrantes da frutífera problemática aberta, suscitada pelo encontro entre o ensino de Lacan e a disciplina caológica. A este encontro, por outro lado, parece-me procedente nominá-lo *psicanálise caótica*, já que a não-adjetivação convoca o mito epistêmico, segundo o qual o rótulo "psicanálise" seria capaz de semear acordos massivos em virtude de supostas pautas universais sustentadas por todos os que compartilhamos uma comunidade de experiência. Pois bem, no meu entender, isso não é assim. Por quê? Porque o modo de conceitualizar a dita experiência comanda tanto os níveis de sua apreensão como sua eficiência – que não é a eficácia empírica de um fazer – no operar do analista. Sustentar um critério oposto não comporta outra coisa que a aposta seja num intuicionismo incapaz de oferecer os títulos teóricos de suas intervenções, seja num determinismo ortodoxo cujo desígnio não ultrapassa, na cura, os limites de uma reconstrução imaginária infantil e endogâmica.

II. Da psicanálise caótica

Então, o que denotamos adjetivando nossa disciplina com o vocábulo "caótica"? Brevemente, apontamos o surgimento de neoestruturas – ao modo das dissipativas postuladas por Prigogine – geradas pela crise na estabilidade da estrutura inicial devido a flutuações severas das condições do equilíbrio. Pois bem, tais flutuações, antes que levar à queda ou desaparição da estrutura em questão, introduzem novas constelações, capazes de configurar um "caos" determinista, ou seja, um semblante de caos, porquanto as flutuações, os movimentos de arestas impredizíveis e de contornos e limites não passíveis de circunscrever de antemão respondem a uma nova legalidade, cuja elucidação resta por resolver. Dito de outro modo: as trajetórias percorridas pelas bifurcações sucessivas sofridas pela estrutura obedecem à *lógica da desordem*, a qual remete a um – ou mais – lugares ou centros aptos a sustentar a amarração da neoestrutura incipiente. Com efeito, tais *atratores*, responsáveis pelo desenho de trajeto aparentemente caótico, recebem, na ocasião, a nominação de *estranhos*. Escritos de modo topológico, estes atratores podem ser torcidos, mediante uma ou duas bandas de Moebius (diferenciando-se da banda dupla, produzida pelo corte mediano de uma só banda do tipo mencionado).

Daí que – tal como havia sustentado já, em outro contexto – nossa intervenção como analistas guarda o objetivo de desequilibrar, antes que o de provocar "indivíduos equilibrados". Não ensinava Lacan, a respeito, que ninguém melhor que o neurótico pode ensinar o que é a adaptação, visto o logro adaptativo no atinente a seu sintoma? Então, a *práxis* não adaptativa do analista, trabalhando de modo local, singular, toma distância de qualquer "prognóstico" de raiz médico-psiquiátrica. Assim, procurando separar-se dos parâmetros idealizadores do controle e do determinismo reprodutivo, o analista labora em prol da gestação das condições propícias para a extensão dos graus de liberdade do *parlêtre*. Portanto, de seu "desabono" (Lacan) das constrições da neurose, as quais, ao serem regidas pela "demoníaca" compulsão à repetição (Freud), não se cingem senão aos atratores de ponto fixo (isto é, de detenção gradual do movimento) ou de ciclo limitado (cabe dizer, de alternância periódica regular, com fronteiras prescritas e de alcances reduzidos em seus movimentos) no que se refere às estratégias de recuperação de gozo.

Capta-se, então, o desígnio ínsito *à poiética* – à eficiência desvelante, não "prosaica" do analista. Trata-se de quebrar o equilíbrio neurótico sustentado pelos atratores de ponto fixo e de ciclo limitado mediante a instrumentação de recursos – obviamente – "linguageiros", tendentes a fazer flutuar caoticamente a estrutura com o efeito de instalar, de modo irreversível, uma neoestrutura regida pela legalidade de um atrator estranho, cujo "prognóstico" torna-se real, isto é, impossível de predizer.

III. Uma intervenção não-linear

Conteste com o previamente dito, poder-se-ia acreditar que tamanho efeito procurado haveria de obedecer a uma causa de calibre equivalente. Pois bem, toda a andadura de "nossa psicanálise" (Lacan) certifica a vigência de um princípio radicalmente diferente, denominado *não-linear*. Sim, tão-somente falando, obtêm-se grandes efeitos – muitas vezes próximos do espetacular ou do dramático – no tocante a mudanças na posição subjetiva dos analisantes. Trata-se do óbvio e tradicional: falando, sim, mas não de um modo sugestivo-imperativo, não de acordo com os cânones deste último, com os cânones em que o analista fica estagnado como ideal. Sabe-se, esta é uma prevenção crítica já clássica e, como tal, é brandida até o cansaço. Então, por que reiterá-la? É que, para além do propósito confesso da boa-fé, vale a pena interrogar-se acerca das modalidades "linguageiras", por meio das quais torna-se viável, ou não, o cumprimento do aludido desígnio ético. Dito de outro modo: como conseguir não engordar o Imaginário do analisante com mais sentido ainda, dado que sua demanda tende a ser propensa ao hermenêutico-simbólico? Como fazer frente, então, à psicoterapêutica busca resistencial do "esclarecimento", da "explicação", do "diga-me outra vez, assim entendo", do "que fazer nestes casos", tão tipicamente tributários do reprodutivo discurso da Universidade? Pois bem, pela andadura que se reclama lacaniana têm transitado distintas respostas instrumentais para resolver essa mescla que procura ocultar maliciosamente a intenção. Assim, do silêncio cadavérico o analista deslizou para a psicodramática intervenção chamada "em ato" (intencionalmente insensata, quando não bizarra), e/ou para um modo "linguageiro" alusivo-elusivo, de corte muitas vezes misterioso-oracular, e/ou para intervenções designadas "no Real", cuja exemplificação não se distancia do conselho e da orientação, impositivos, baseados no Ideal do sentido comum (enquanto fantasma coletivo). Cada uma destas modalidades conforma, cabe advertir, laços sociais, os quais, de uma forma ou outra, marcam momentos de inflexão de – e na – cura que se têm tornado absolutos, através das tessituras mencionadas. Com isso quero dizer que, tomadas de modo isolado e não hipertrofiado ou exclusivo, e ponderando o local e singular de cada cura, tais semblantes interpretativos podem fundamentar sua pontual razão de ser. Claro: eles obedecem seja ao esgotamento do recurso linguageiro – e por isso a procura de outro registro –, seja à instrumentação do mesmo para pôr em ato outras maneiras de laço social (isto é, discursivas).

III. a. Do paradoxo em psicanálise caótica

Então, desde a psicanálise caótica, podemos postular outra implementação – *e não outra alternativa* –, tendente a fazer frente ao obstáculo egóico-resistencial referido: trata-se da instrumentação do *paradoxo*. "Nossas" intervenções analíticas, sem dúvida, conservam muito do desígnio transportado pela etimologia do dito vocábulo: instalamo-nos, claro, "contra o senso comum", pondo em crise as "verdades" – presumidas – do analisante. É por isso que, conforme Lacan, "[...] não há a menor opinião verdadeira, posto que há paradoxos"[1]. Mas o que são os paradoxos? Segundo Falletta, estes compreendem: "1. um enunciado que parece contraditório mas que, de fato, é verdadeiro. 2. um enunciado que parece verdadeiro mas que, de fato, contém uma contradição. 3. uma argumentação válida que conduz a

[1] LACAN, J. *Séminaire 24: L'insu que sait de l'une-bévue s'aile à mourre.* Classe de 10/5/77. Inédito.

conclusões contraditórias". Por outro lado, os paradoxos têm as seguintes características comuns: 1) a contradição; 2) a auto-referência; 3) o círculo vicioso[2]. Pois bem, essas propriedades, precisamente, impedem a "saída" ou resolução do paradoxo, nos termos propostos pelo mesmo; por isso a comoção no eu – porque não se trata de meros enunciados, mas, também, de uma implicação de ordem da enunciação –, o desequilibrar, conduzindo o sujeito, inexoravelmente, até a via pulsional, entrópica, dissipativa, inventiva[3]. E isso é assim porque, novamente conforme Lacan, o que é peculiar em "nossa psicanálise" é a noção de "conjunto aberto" – ligada com a de vizinhança[4]. Portanto, de acordo com tal premissa topológica, nos regemos com base em uma lógica "elástica", que não é nem a "lógica formal" nem a do "conceito"[5]. O que implica isso? A meu entender, não comporta senão mais um pôr em ato a circunstância de "[...] que o homem e a mulher não têm nada que ver juntos [...]", o qual constitui "[...] um paradoxo da mesma ordem do 'minto', ou do paradoxo de Russell, do catálogo de [todos] os catálogos, que não contém a si mesmo"[6]. Por isso, se o aforismo "Não há relação sexual" governa e organiza os desenvolvimentos do último período do ensino de Lacan, o paradoxo resulta ser sua fundamental concretização linguageira. Ademais, transporta outro viés crucial, pertencente ao dito período: a saber, o deslizamento da noção de linguagem da fala para o escrito. Para dizê-lo nos termos de Lacan: "[...] nenhum dos paradoxos em que se detém a lógica clássica, notadamente aquele do 'eu minto', sustenta-se senão a partir do momento em que está escrito"[7].

Por outro lado, se o paradoxo põe em ato a não-relação sexual, Lacan acrescenta que "[...] a liberdade é precisamente idêntica [...]"[8] à dita inexistência.

---

[2] FALLETTA, N. *Le livre des paradoxes*. Paris: Diderot Mulmimedia, 1998, pp. 1-3.

[3] Pelo qual caberia asseverar, "intervertendo" o clássico apotegma freudiano, o seguinte: "Onde estava (o) eu, isso deve advir".

[4] LACAN, J. *Séminaire 21: "Les non-dupes errent"*. Classe de 15/1/74. Inédito.

[5] LACAN, J. *Séminaire 9: "L'identification"*. Classe de 21/2/62. Inédito.

[6] LACAN, J. *Séminaire 15: "L'acte psychanalytique"*. Classe de 27/3/68. Inédito.

[7] LACAN, J. *Séminaire 18: "D'un discours qui ne serait pas du semblant"*. Classe de 03/3/71. Inédito.

[8] Idem, ibidem.

III.b. Objeções

Em que pese o anteriormente dito, podem apresentar-se objeções ao assinalado, entre elas: 1) os paradoxos não comportam falácias, especialmente ao confundir, ou ao não diferenciar o eu do enunciado e o sujeito da enunciação?; 2) assim, sendo as mesmas auto-referências, não postulam a errada crença segundo a qual o sujeito pode significar-se a si mesmo?; 3) se advogamos pelo suplemento e não pelo complemento, não sugerem os paradoxos, acaso, um modo de complemento-completamento, porquanto propõe o ramo, a vertente contraditória?

III.c. Respostas

Ao item referente à eventual indiferenciação enunciado-enunciação cabe responder clinicamente, assinalando a reação dos analisantes ante o paradoxo: é que essa cabal *reflectáfora* gera, enquanto tal, "[...] um estado de imenso assombro, dúvida e perplexidade, uma percepção de matizes", segundo ilustram Briggs e Peat[9]. Dessa forma, logra-se o objetivo de contribuir com o lacaniano "fazer ondas" com a interpretação, para que, assim, o analisante *poietize*, isto é, invente[10]. E invente desde um neolugar, visto o esgotamento opressivo, perturbador, embaraçoso[11] provocado pelo aporético "sem saída" (imediata).

A respeito da hipotética auto-significação, recordemos uma circunstância em que sujeito e significante, ao aparentemente coincidirem, cavam ainda mais a divisão daquele: trata-se da constelação denotada pelo ato. Pois bem, a liberdade motorizada pelo paradoxo rompe paulatinamente os sintagmas cristalizados nas angustiantes inibições e sintomas, oferecendo, impelindo o corpo ao ato.

Por último, cabe advertir o seguinte: antes que a completude dialética, antes que a contradição complementar, referente ao surgimento do oposto ínsito em cada membro do par, estamos mais em presença, devido à impli-

---

[9] BRIGGS, J. e PEAT, F. D. *Espejo y reflexo: del caos al orden.* Barcelona: Gedisa, 1990, p. 196.

[10] LACAN, J. *Séminaire 15: "L'acte...". Op. cit.* Classe de 29/11/67.

[11] LACAN, J. *Séminaire 10: "L'angoisse"*. Classe de 14/11/62. Inédito.

cação subjetiva em jogo, de uma *reflectáfora* "[...] onde os matizes surgem de uma tensão insolúvel entre seus termos [...]"[12].

IV. Conclusão

A causalidade linguageira, não-linear, em psicanálise encontra um instrumento valioso no paradoxo. Tributária direta do esgotamento da via metafórica, simbólica, ele rende tributo à *lógica caótica da desordem*, a qual se sustenta no *forçage*[13], e já não tão-somente na interpretação, como colocação em ato da não-relação sexual, propensa a quebrar a fixação palavreira ao gozo do sintoma, elevando à potência inventiva da linguagem os significantes estagnados, coagulados na e pela língua "oficial". Assim, ao permitir-se o lançamento das letras até sua captura por parte de um atrator estranho, o analisante *poietiza* desde as pontas do Real, já que, mediante paradoxos, as noções de verdadeiro e falso ingressaram numa crise irreversível, crise similar àquela padecida, à luz da clínica da "nossa psicanálise", pela lógica predicativa, proposicional[14].

Por último, e como itens reflexivos, valham estes três "tendenciosos" interrogantes: ao sustentar que a topologia é a estrutura, e ao pensar a vigência, em "nossa psicanálise", do espaço moebiano, acaso Lacan não introduzia, como noção central concomitante, a de paradoxo, dado que a banda de Moebius – tanto como a garrafa de Klein – escreve paradoxos topológicos? Igualmente, o que veicula a famosa anamorfose de *Os embaixadores*, de Holbein – cuja notável revisão localiza-se no *Seminário 11* de Lacan – senão um ensino de um paradoxo da perspectiva? Finalmente, o que transmite, enquanto apólogo, a recorrência lacaniana ao conhecido teorema de Gödel acerca da incompletude senão o paradoxal – e altamente fecundo para a clínica de "nossa psicanálise" –, o paradoxal, dizia, caráter do "indecidível"[15 e 16]?

---

12 BRIGGS, J. e PEAT, F. D. *Espejo y reflexo: del caos al orden. Op. cit.*, p. 197.

13 LACAN, J. *Séminaire 24: "L'insu que sait de l'une-bévue s'aile à mourre". Op. cit.* Classe de 19/4/77.

14 LACAN, J. *Séminaire. 21:" Les non-dupes errent". Op. cit.* Classe de 15/1/74

15 LACAN, J. *Séminaire 24: "L'insu que sait de l'une-bévue s'aile à mourre". Op. cit.* Classe de 10/5/77.

16 N. do T.: "Indecidível": junção de indizível com o impossível de decidir.

Terceira Parte

Temporalidades

1

De que esquecimento me falam?

"No princípio era o verbo e, no final, o blablablá".

S. J. Lec, *Os pensamentos mal trançados*

"Deve existir a dialética latência – não-latência, esquecimento – memória, para que a palavra possa acontecer e não simplesmente ser manipulada por um sujeito".

G. Agamben, *Idéia de prosa*

"O sentido é uma entidade não existente e, inclusive, tem relações muito particulares com o não-sentido".

Giles Deleuze, *Lógica do sentido*

I. Introdução

Sem dúvida, uma divisa fundante da psicanálise – marcante, inclusive, de seus princípios – afirma que, a partir das histéricas, os neuróticos padecem devido à ação eficaz de "reminiscências". Este *motto*, unido ao preceito "*cessante causa cessat effectus*"[1], torna simples, em aparência, a direção da cura analítica; com efeito e tal como testemunha o *Post-scriptum* do caso freudiano "Pequeno Hans", o sucesso da dita cura se verifica no esquecimento da mesma[2]. Sendo assim, uma seqüência clínica se imporia, a saber: 1) esquecimento etiopatogênico; 2) memória inconsciente do esquecido; 3) esquecimento – agora saudável – do recordado quando do "levantamento"

[1] FREUD, S. Estudos sobre a histeria. In: *Obras Completas.* E.S.B. Rio de Janeiro: Imago, 1976, vol. II, p. 47.

[2] FREUD, S. "Análise de uma fobia em um menino de cinco anos" (o pequeno Hans). In: *Obras Completas.* E.S.B. Rio de Janeiro: Imago, 1976, vol. X, pp. 153-54.

do recalque. À elucidação desse suposto terceto e à consideração de sua eventual pertinência destinarei as linhas subseqüentes.

II. Uma pontuação talvez óbvia

Que alguém recorde ou que alguém não recorde, do que se trata é da posição do sujeito ante um conjunto significante, ou seja, essa posição o representa ou não? O sujeito se encontra ali ou não? Desde já faço alusão à implicação subjetiva ante os efeitos da linguagem; vale dizer que, frente à circunstância que dá conta de dita defasagem – estou ou não estou? –, não cabe senão ratificar, uma vez mais, que não somos donos da linguagem. Tanto a linguagem se revela como prioritária que pode desencadear inclusive a "perda" do nome próprio, segundo evidencia a amnésia conhecida como "de identidade"[3] que reconhece fortes laços de conexão com o delírio de filiação.

III. Um obstáculo epistemológico talvez não tão óbvio

Nossa temática peca, uma vez mais, pelo fato epistêmico de trabalhar com noções, com palavras provenientes de um campo disciplinar aparentemente afim, mas do qual se deriva um sem fim de mal-entendidos e de desvios. Aludo, está claro, à larga tradição filosófico-psicológica que têm os vocábulos esquecimento e recordação (correlativamente por seus verbos esquecer e recordar). Vejamos, então, alguns dos tais obstáculos com fins de procurar limpar o terreno para instalar ali nosso instrumental psicanalítico.

Em primeiro lugar – qual uma cabal teoria neurótica –, tende-se a lamentar da memória sua suposta incompletude; a esse respeito, diz-se que o esquecer "atenta" contra a plenitude da memória. Como se vê, sempre ambas as noções – memória, esquecimento – se encontram vinculadas, segundo uma episteme conteste com a qual o ideal se radicaria na obtenção

---

[3] LACAN, J. "La méprise du sujet supposé savoir", Scilicet: 1. Paris: Seuil, 1968, p. 36.

de um somatório que daria conta da presença de uma espécie de andrógino psíquico. Vale dizer: somando o lembrado e o esquecido, totalizar-se-ia o sistema representacional do psiquismo. Portanto, dir-se-ia que, entre lembrar e esquecer, há relação sexual. Em segundo lugar, estipula-se uma progressão seqüencial quase invariável: de início acontece a lembrança e logo advém o esquecimento da mesma. Como cabe deduzir, essa conclusão não constitui senão o corolário da premissa precedente, pois que também se baseia na presunção de uma debilidade tendencial do psiquismo. No meu entender, essa não-retenção, essa incontinência, ilustra com propriedade a incidência – na teoria psicológica – de um fantasma de extração anal. Por último, e já num plano mais decididamente lógico-filosófico, colocam-se, por sua vez, duas questões: uma refere-se ao suporte demonstrativo da presumida inexorável dialética vigente entre os termos considerados. Por quê? Porque cada um dos termos não só implicaria o outro, senão o (pré)conteria em seu seio, autorizando assim seu desdobramento ulterior.

A outra questão envolve ao mesmo tempo verdadeiro/falso, no que se refere a quão crível, ou não, pode ser uma determinada lembrança. Dito de outro modo: ter-se-á esquecido excessivamente a seu respeito e, portanto, o produto tornar-se-á uma deformação retroativa tendenciosa, a qual apontaria para o esquecimento do desagradável incluído em uma determinada concatenação?

A meu ver, ambas as afirmações são tributárias da postulação da consistência, da existência do Outro. Assim é com a dialética, por inscrever-se por pleno direito – ao ver de Lacan – nos obstáculos substancialista, predicativo e antinômico[4] quanto ao veritativo, pelo fato de transladar para uma mítica entidade a faculdade do suposto-saber-distinguir verdadeiro do falso.

Em resumo, cada um desses escolhos – de raízes imaginárias, consensuais – não comporta senão a ejeção para uma ordem aparentemente nocional de vivências cotidianas e inquestionáveis. Semeando acordos massivos, sua consideração não eleva o debate além do controvertido senso

---

[4] LACAN, J. "Discours de clôture. Jonrnées d'étude des cartels de l'École freudienne", 13/4/75, *Lettres de l'École freudienne de Paris:* 18, 1976, p. 267.

comum; assim, os termos mediante os quais "avançam" esses obstáculos não propõem senão flagrantes tautologias.

O problema, claro, é que essas tautologias não são inocentes, na medida em que obturam a apreensão psicanalítica; por isso, no que segue, procuraremos assentar a ruptura pontual com cada um dos truísmos psicológico-filosóficos enumerados.

IV. Começamos com o esquecimento

Sim, começamos com o esquecimento porque a ordem expositiva segue, nesse caso, a ordem das razões. Com efeito, não se trata de um esquecimento psicológico subseqüente ao lembrar, mas do esquecimento constitutivo, fundante, que permite que haja lembrança. Lembrar-se é nomear, mediante um juízo de existência afirmativo, a posição do sujeito como implicado em um conjunto significante – vale ressaltar que o nomear ou simbolizar – não a nominação[5] – consegue existir ao preço do perder. Como bem assinala Lacan, o *Begriff*, o conceito, que adorna (com precariedade), não é sem *Vergreifen*, sem torpeza, sem mal-estar[6]. Para vertê-lo com Borges: "O mundo aparente é um tropel de percepções embaralhadas [...]. A linguagem é um ordenamento eficaz dessa enigmática abundância do mundo. [...] Todo substantivo é abreviatura. Em lugar de enumerar frio, cortante, amolado, inquebrantável, reluzente, pontiagudo, enunciamos punhal; em substituição de afastamento do sol e efeitos de sombra, dizemos entardecer"[7]. Portanto, em nossa economia de recursos, não há palavra, não há nome – outro modo de dizer substantivo – sem perda, porque a rebarba desse nome – chamada adjetivo por Borges – é o Real. Em outros termos, sem um esquecimento que caísse do Real, não haveria palavra. Por isso não se pode dizer tudo ou – o que é o mesmo – sempre dizemos respeito ao não-todo. É de lamentar? Por acaso perdemos com nostalgia algum paraíso para poder

[5] HARARI, R. *Como se chama James Joyce? A partir do Seminário Le Sinthome de J. Lacan.* Salvador: Agalma/Rio de Janeiro: Companhia de Freud, 2003, pp. 294-325.

[6] LACAN, J. "La méprise du sujet supposé savoir", Scilicet: *1*. Paris: Seuil, 1968, p. 38.

[7] BORGES, J. L. *El tamaño de mi esperanza.* Buenos Aires: Seix Barral, 1993, pp. 46-47.

falar? O mesmo Borges anos depois nos brinda com a patética resposta a essas iterações através de seu relato *Funes, el Memorioso*. Funes, segundo narra, "havia vivido como quem sonha; olhava sem ver, ouvia sem ouvir, se esquecia de tudo, de quase tudo. Ao cair, perdeu o conhecimento; quando o recobrou, o presente era intolerável de tão rico e tão nítido, e também as memórias mais antigas e triviais. [...] Suas lembranças não eram simples, cada imagem visual estava ligada a sensações musculares, térmicas, etc. [...] Poderia reconstruir todos os sonhos, todos os entre-sonhos. Duas ou três vezes havia reconstruído um dia inteiro, não havia duvidado nunca, mas cada reconstrução não havia requerido um dia inteiro". Textualmente, Funes refere a seu interlocutor que "Mais lembranças tenho eu só das que terão tido todos os homens desde que o mundo é mundo. [...] Minha memória, senhor, é como um escoadouro de lixo".

Por outro lado, e de modo paralelo – ou como conseqüência do mesmo "acidente"... que padeceu? –, Funes tentou consolidar "[...] um vocabulário infinito para a série natural dos números, [tanto como] um inútil catálogo mental de todas as imagens da lembrança"[8]. Esse idioma, que Block de Behar batiza de "funês"[9], comporta apenas funes-tas conseqüências: primeiro, o personagem se perde na errância neologística, congruente com seu estado de prostração e insônia; finalmente sobrevém o abrupto final: nosso herói (?) morre aos 21 anos. Seguindo a pudicícia paródica do dizer de Borges, faleceu por causa de uma "congestão pulmonar"; todavia, podemos – ou devemos? – reconduzi-la à "congestão mnêmica". Assim, a ausência do esquecimento deriva em loucura e em morte, porque sem perda não há desejo, nem onirismo, nem corpo sexuado, nem capacidade de abstração, nem futuro.

Em suma: fora de qualquer tópica métrica – considerada mensuradora da "soma" do esquecimento –, o esquecimento é condição de existência e de possibilidade da memória. Ainda de outro modo: ao Real do esquecer, à sua inefabilidade, responde o simbólico mediante a economia chamada lembrar. E para concluir este parágrafo: porque não-tudo é lembrável, seguimos falando.

---

8 BORGES, J. L. "Funes el memorioso", *Obras Completas*. Buenos Aires: Emecé, 1974, pp. 488-489.

9 DE BEHAR, L. B. *Al margen de Borges*. Buenos Aires: Siglo XXI, 1987, p. 184.

V. Agora, o esquecimento etiopatogênico?

É claro: lado a lado do esquecimento recém-apontado, encontramo-nos com aquele que, como saber não-sabido, percute a partir daquilo conhecido em psicanálise como o inconsciente. Tributário da metáfora, do recalque secundário, o referido esquecimento só o é para o registro da consciência, mas não para a apreensão – desviada – dos estragos sintomáticos que determina. Aqui nos situaríamos na seqüência mencionada em nossa Introdução; então, à supressão do esquecimento – à sua lembrança – sobreviria juntamente o desaparecimento do sintoma. Tal o enfoque freudiano, assim como, parcialmente, o de um primeiro Lacan. Todavia, em 1974, em *Les non-dupes errent*, o último Lacan afirma que o saber do inconsciente não se conhece, posto que se inventa[10]. Certamente cabe assinalar que essa forte afirmação vai par-a-par – no mesmo Seminário – com sua autocrítica a respeito da noção de cadeia significante (e da célula mínima)[11]. Que conseqüências se depreendem desse postulado? No meu entender, ele conduz ao cancelamento da tessitura clínica que consiste na obtenção de uma "reescritura" da história do analisante. Com que objetivo? Com o objetivo de outorgar crédito a um conjunto aberto, em que as letras se "impõem" – se impõem no analisante – ao modo da irrupção permeada de gozo mental, de um real sem lei nem ordem[12]. Algo bem diverso, portanto, de uma narrativa mnêmica não carente, como tal, da epicidade própria da realização do fantasma. Porque a irrupção do Real aniquila, mas também eleva; a ficção mnêmica, em troca, faz oscilar o sujeito, qual Tântalo, entre a vitimização padecida e a heroicidade reclamada. Permanece, portanto, nos termos do fantasma, porém sem lograr seu atravessamento.

Em conseqüência dessa apreciação, poder-se-ia pensar que o "Signorelli", como esquecimento paradigmático do nome próprio, comportaria um inestimável efeito de ensinamento, suplementar aos assinalados por Lacan: refiro-me à necessariedade do esquecimento do impróprio nome próprio, a fim de erigir, em seu lugar, a nominação inventada. Refi-

---

[10] LACAN, J. *Séminaire 21:"Les non-dupes errent"*, classe de 9/4/74. Inédito.

[11] Idem, classe de 11/12/73.

[12] LACAN, J. *Séminaire 23: "Le Sinthome"*, classe de 3/4/76. Inédito.

ro-me assim, é claro, a Freud, que mudou seu "Sigismund" de nascimento, seu ortônimo, pelo heterônomo "Sigmund" (segundo desenvolvi em outro texto)[13 e 14].

VI. Estou quase lembrando, mas não posso!

Certamente que, enquanto analistas, o esquecimento interpela-nos clinicamente – o esquecer – quando este põe em xeque a posição subjetiva. Quero dizer: quando há tropeços, balbucios, gaguejos, incertezas, dúvidas múltiplas, crença na insensatez e na gratuidade dos ditos. A esse respeito, uma constelação muito freqüente apresenta-se sob a seguinte invocação: "Tenho-o na ponta da língua!". Muitas vezes, depois dessa confissão, sucedem-se, ao modo de "*Botticelli, Boltraffio*", sucedem-se, dizia, substantivos, nomes, títulos, números, datas, que se sabem errôneos. A tensão, a paralisia, o fervor, o silêncio oprimem a quem busca a palavra perdida. Claro, imerso *nessas* condições, o sujeito não faz senão estagnar-se ainda mais ante a perda, ante o não-advento da palavra desejada. Na referida defasagem, de acordo com Pascal Guinard, submergirmos em "uma experiência na qual ataca o esquecimento da humanidade que há em nós, na qual o caráter fortuito de nosso pensamento, a natureza frágil de nossa identidade, a matéria involuntária de nossa memória e sua substância exclusivamente lingüística se tocam com o dedo"[15] – o que posiciona essa experiência, por próprio direito, nos gozosos confins do mais além do princípio do prazer. Sim, porque a "chegada" da palavra que estava na ponta da língua – chegada eventualmente viável toda vez que o eu não parta em sua busca –, tal palavra, dizia, proporciona um primado de prazer igual ao fragor expansivo e à explosão jubilosa ante a escuta de um chiste. Porque ali, nessa ponta da língua, condensa-se em sinédoque – a ponta, a parte pelo "todo" – a linguagem. Perder a função dessa palavra compromete, sinaliza e anuncia, então,

---

[13] HARARI, R. *As dissipações do inconsciente*. Porto Alegre: CMC, 2003, pp. 157-167.

[14] HARARI, R. *O que acontece no ato analítico? A experiência da psicanálise*. Rio de Janeiro: Companhia de Freud, 2001, pp. 69-92.

[15] GUIGNARD, P. El nombre en la punta de la lengua. Madrid: Debate, 1993, p. 53.

a angustiante possibilidade imaginária da perda do campo da linguagem e conseguinte redução do sujeito ao estado *funes-to.* Daí o poder incomensurável outorgado a essa palavra perdida: sua valia deve, então, estipular-se não pela transcendência do enunciado procurado – usualmente banal, trivial – mas pelo modo como sua ausência isola o sujeito da enunciação. Sim, porque o sujeito da enunciação é assaltado pelo silêncio próprio da vigência eficaz de uma identificação com o objeto *a.* Portanto, o feliz re-encontro da palavra com valor de sinédoque ejeta paralelamente o *a*, corrigindo a vacilação do fantasma, "endereçando-o", diríamos; agora, com efeito, o sujeito toma posição de novo, ali. Ali, onde a representação torna a representá-lo uma vez mais.

VII. Por que me lembro disso?

Freqüentemente se escuta um clichê entre analistas: trata-se daquele que qualifica toda lembrança como "encobridora"[16]. Sucede que, mediante essa crença, alude-se outra vez a uma tópica imaginária do aparelho psíquico, já que se estipulam níveis, planos ou classes entre os postulados do dito aparelho[17]. Por quê? Porque de tal forma se afirma uma concepção semiológica de re-envios talvez múltiplos, porém sempre equivalentes entre si, por parte dos significantes em jogo. Dito de outro modo: qualquer significante é remissivo, do que se depreende que tudo é interpretável, que tudo é metafórico, dado o caráter "horizontalmente" homologável do estatuto atribuído às lembranças. Cada uma delas, então, é homogênea com o resto de suas congêneres, e todas elas remetem a uma latência facilmente descartável pelo viés de um proceder de perigoso enraizamento hermenêutico.

---

[16] FREUD, S. "Lembranças encobridoras". In: *Obras Completas.* E.S.B. Rio de Janeiro: Imago, 1976, vol. III, pp. 333-354.

[17] N. do A. Mesmo Lacan comete um deslize em aras da mencionada tópica, já que joga com o vocábulo "*le souvenir*", "o recordar", aproximando-o, por escansão, do "*le glisser dessous*", "o deslizar por debaixo". Aludo à escansão graças à qual ele cinde – sem fazer constar isso – *souvenir*, no homofônico *sous/venir*, "vir por debaixo" (Cf. J. Lacan, "La méprise du sujet supposé savoir", Scilicet: *1*. Paris: Seuil, 1968, p. 38).

Mas, se essa concepção simbólica fosse correta, deixaria de lado aquilo que temos deslindado como nosso campo operatório *par excellence*, isto é, o interpelado, ou seja, onde irrompe uma ponta do Real, gerando um enigma ante, por exemplo, o inopinado de uma lembrança que ao sujeito parece menor e irrisória. Entretanto, tal caráter desvalorizador revela-se débil quanto à sua eficácia para isolar a lembrança porque, apesar dos esforços postos em jogo pela vontade, "não se consegue tirar essa lembrança da cabeça". De novo a sinédoque, agora já não particularizante – como no caso do parágrafo anterior –, mas generalizante: a lembrança antiga que – essa sim, resulta encobridora – "é" sua cabeça. É uma cabeça que pede por uma ausência – ao inverso do demandado pela palavra na ponta da língua –, posto que esse conjunto significante faz as vezes de uma obturação, impedindo o advento de um buraco.

Raciocinando de acordo com as superfícies topológicas, diríamos que a lembrança encobridora, ao fazer esfera (Figura 1) infringe a dimensão tórica do sujeito (Figura 2), a que se recuperaria ao lhe subtrair – ao "tirar da cabeça"– o lugar da lembrança em questão. Esta, uma vez dissipada, também põe em ato a benéfica, a necessária mutilação constitutiva do sujeito, a qual obedece à queda do objeto *a*.

Esse breve lembrete deveria fazer-nos pensar uma vez mais que a psicanálise não é desconstrução, porque qualquer disseminação entre significantes se defronta, invariavelmente, com uma ponta do Real, que é a que nos interpela. Porque a lembrança encobridora, com efeito, volta sempre ao mesmo lugar, sendo impossível sua redução volitiva por meio dos significantes que circulam por fora da transferência analítica. Através desta, a lembrança encobridora – agora, sim – dará lugar ao – seu – esquecimento dissipativo.

VIII. Pelo in-mundo

Quero retomar brevemente, neste parágrafo, algumas das idéias referentes ao que chamei fetiches sociais[18 e 19]. Com eles, conoto as modelações organizadoras do poder cuja hipotética caducidade, diz Freud, suscita "pânico" entre aqueles que são envolvidos por elas. Sua desaparição, segundo a lúcida apreciação freudiana, confrontaria o sujeito com uma falta ansiógena equivalente à suscitada pela ausência do Falo materno. Por conseguinte, deve-se procurar impedir ativamente essa eventual queda do trono e/ou altar – tais são seus exemplos. Pois bem, segundo acontece em nossa pós-modernidade, o que sucederia? O discurso da tecnociência, por meio da via mass-mediática própria da "sociedade do espetáculo" – para adotar a denominação de Guy Debord –, transmite-o diretamente, entronizando o "valor" da caducidade, da velocíssima perda de significação, da eficácia acrítica da substituição. Que sucede quando, dito de outro modo, se põe em ato sistematicamente o esquecimento, sob a forma sutil e sibilina de uma censura jamais assumida como tal, mas inerente à sua mesmíssima efetuação? Assim, a inesperada conseqüência derivada da plena autorização para uma hipotética comunicabilidade "total" apenas torna frívola a mensagem, privilegiando, a esse respeito, tanto o epidérmico, o vertiginoso e o frenético, como a absoluta relativização dos valores. Daí, é claro, à "banalidade do mal" – segundo a caracterização certeira de H. Arendt a respeito do estado do laço social hoje dominante – não há sequer um passo. Porque o "tudo à vista" novamente pretende quebrar – sem angústia de castração – a rebarba do Real, segundo o desígnio de igualar a palavra e a coisa, a coisa e a representação. Assim, o reino do todo-significante-imagênico e do todo-dizível tende a reduzir a aceitação social do fantasma – o fantasma, que percute com sua insistência, o que se pretende silenciar com os trompetes mencionados. Em suma, ao tentar infringir o esquecimento gerado pela palavra, o mass-mediatismo onipresente outorga um caráter transitório ao acontecer humano, o que comporta, claro está, o pior dos esquecimentos: a amnésia e a anistia denegatórias e voluntaristas.

---

[18] HARARI, R. *Intensiones freudianas*. Buenos Aires: Nueva Visión, 1991, pp. 47-48.

[19] HARARI, R. *As dissipações do inconsciente*. Porto Alegre: CMC, 2003, pp. 18-19.

IX. Para concluir

Nas antípodas do transitório da fala vazia mas "entretida" – nos "tem-entre?"– é possível situar o empreendimento criado pela poesia. Não é por nada que Lacan, no Seminário *L'insu...*, *24*, se afastava explicitamente da lingüística e da lógica articulada enquanto provedoras de uma episteme e de um instrumental nocional eventualmente válido para a práxis psicanalítica. Contudo, não assinalava apenas tal afastamento, já que ao mesmo tempo pontuava a válida homologia de procedimentos – em virtude do "*forçage*" exercido sobre a linguagem – vigente entre o poeta e o psicanalista, concluindo, a tal respeito, que "[...] a verdade se especifica ao – e por – ser poética", posto que o *forçage* consegue "[...] fazer soar outra coisa que o sentido. Porque o sentido é o que ressoa com a ajuda do significante, e o que ressoa não vai longe: é, antes, débil, fraco. O sentido tampona"[20]. E então, como quem aqui subscreve faz sua a queixa de Lacan, atinente a não ser "bastante poeta"[21], só cabe finalizar *recordando* as palavras pronunciadas por um grande poeta, na ocasião em que foi agraciado com o último Primeiro Prêmio Nacional de Poesia (da Argentina). Dizia assim Juan Gelman: "Para os atenienses de vinte séculos atrás, o antônimo de esquecimento não era memória, era verdade. A verdade da memória na memória da verdade. As duas são formas de poesia extrema, essa que sempre insiste em desvelar enigmas, velando-os. Alguém disse que a poesia é a sombra da memória. Creio que, na realidade, a poesia é memória da sombra da memória. Por isso, nunca morrerá"[22].

---

[20] LACAN, J. *Séminaire 24: "L'insu que sait de l'unebévue s'aile à mourre"*, classe de 19/4/77. Inédito.

[21] Idem, classe de 17/5/77.

[22] GELMAN, J. "Costuras", diário *Página 12*, Buenos Aires, 20/6/97.

2

Policronias: os contra-tempos da psicanálise

"O passado é algo de que o sentido já se esqueceu: desde os objetos que perderam sua utilidade até essa visão do mundo".

O. Assayas, *Reportagem na Página/12*

"Nossa existência é uma soma de dias todos chamados de 'hoje' [...]. Um só dia chama-se amanhã: aquele que não conheceremos".

A. Salacrou, *A terra é redonda*

"Querer se adaptar a uma época já é estar antiquado".

E. Ionesco, *Notas e contranotas*

I. Introdução

Convocar a problemática referida ao tempo em psicanálise comporta, no mínimo, a quase segura emergência de vários obstáculos, os que trabalham seja para impedir seu correto processamento, seja gerando uma sorte de conteúdo e sua resignada rejeição por parte do ouvinte diante do simples fato de ter conhecimento do enunciado de tal temática.

Vejamos: em primeiro lugar, pode-se argüir o escasso interesse da mesma em virtude de todas as postulações já existentes, a seu respeito, em nossa disciplina, ou seja, o risco da redundância não é elevado, e sim elevadíssimo. Logo, cabe afirmar que a psicanálise conta com uma série de sintagmas cristalizados que muitos analistas apresentam como cabal senha semântica, capaz – acredita-se – de transformar o emissor, para o receptor, em presumidamente advertido daquilo que ele mesmo diz, uma vez que saberia do que fala. Vão como exemplo, entre tantos outros, os seguintes aforismos: "o inconsciente é atemporal"; "o tempo é lógico, não cronológico"; "o que importa é o *après-coup*", assim como "o tempo é real, simbólico e imaginário". Com efeito, o uso hiper-inflacionário destes *slogans* os têm tornado vazios e carentes tanto do valor de intercâmbio como da conseguinte interrogação de ida e volta. Além disso, não são desprezíveis, de acordo com as eventuais críticas – que logicamente são, antes de mais nada, autocríticas –, outros dois obstáculos: o primeiro aponta para a fácil tendência a sucumbir frente à imaginarização da problemática, dadas as habituais "vivências" – para utilizar o vocábulo proposto por Ortega e Gasset – que todo falante tem no tocante a isso. Destas, cabe lembrar, tem aproveitado largamente a filosofia; em particular, sua vertente fenomenológica.

Por último, cabe lembrar que "nossa psicanálise" – conforme foi nomeada por Lacan – tem centrado seu interesse de modo prevalente nas questões entrelaçadas com a mudança imprescindível a ser realizada em nossa concepção do espaço, com vistas a quebrar, assim, a fascinante tópica da visão. Isto é, desbaratar a tautologia inerente às hipotéticas demonstrações da geometria euclidiana. E conhecemos a resposta, pois, via Lacan, a topologia a oferece.

I.a. Primeira tese

Avançamos, então, nossa primeira tese, que, ao ser a mais abrangente entre suas congêneres, é a que toma posição contestando as críticas. E diz o seguinte: *assim como a topologia permitiu a Lacan romper, sem voltar atrás, a dicotomia espacial dentro-fora em sua intelecção do psiquismo do falante, torna-se inevitável propor uma operatória de similares características no tocante ao tempo, a fim de tornar caduca e inviável a dicotomia tempo "objetivo"-tempo vivido.* Essa contestação às lógicas bijetivas, duais, opositivas – fálicas, em última instância – leva, na ocasião, à postulação de um nome: *policronias*, ou seja, as multiplicidades do tempo.

II. Tão-só algumas balizas

O presente desenvolvimento autoriza, claro está, uma enumeração limitada, com conseqüentes exclusões, de alguns enunciados mediante os quais este vasto programa pode ser canalizado e circunscrito. Então:

II.a Segunda tese

O tempo requer um começo, o qual, como sucede com o cifrado na ordem própria do falante, joga-se na linguagem. Como? Respondamos a pergunta a partir de idéias de M. Serres[1] – de acordo com nossa leitura retrofundante delas: o *infans* encontra-se submergido em um ruído de fundo indiferenciável, em um cabal magma fônico pegajoso. (Será esse feito inexorável na constituição subjetiva que retorna insistentemente simbolizado como caos inicial, conforme é proposto por tantíssimas cosmologias?). Pois bem, no referido caos fônico logra isolar-se, mediante flutuações, uma redundância mínima, uma repetição primeira, uma circunstância local em que o Outro primordial recebe sua própria mensagem em forma invertida: trata-se do *eco*, que recorta e reitera. É o mesmo eco detectável na lalia, na lalação, na *lalangue*, que conforma vocábulos em que a recorrência silábica realiza, em si mesma, a figura cuja definição é assim postulada. Desse modo, essa recorrência – para a qual o corte, o descontínuo, resulta imprescindível – começa a ordenar o caos fônico, circunscrevendo, ao modo de um arquipélago de ilhas, a introjeção pulsional invocante do Outro, através dos esporos e dos átomos fônicos. Isso nos permite avançar para a segunda tese de trabalho: *assim como a imagem do outro, a partir do espelho, oferece o sustento para a constituição inevitável da espacialidade, o eco, desde a lalação do Outro primordial, oferece o sustento para a constituição da inevitável temporalidade.* Dessa maneira, o tempo, que é a duração das coisas sujeitas à mudança, marca, de início, pela não-mudança, pelo freqüentativo intermitente, inerente à repetição. Então: a) não existe tempo sem linguagem; e

[1] SERRES, M. *Genèse*. Paris: Grasset, 1982, pp. 175-195.

b) a voz, como objeto pulsional local, circunscrito e multiplicado, antecede lógica e cronologicamente ao significante (estruturante e estruturado).

II.b. Terceira tese

A aludida constituição da espacialidade especular, se bem conforma virtualmente um antídoto contra a fragmentação corporal, não deixa de cavar, no falante, uma defasagem vitalícia no sesgo de sua policronia: com efeito, o condena a viver, por um registro – o do Imaginário –, na antecipação (advinda, claro, a partir do estádio do espelho). Por conseqüência, tende a se completar pela vivência antecipatória – e em estado de insuficiência, como tudo o que se inicia –, um certo projeto, atribuindo-lhe um tempo em que se renega o limite castrante, pois, "mentalmente", esse projeto "já" se encontra concluído. Quantas vezes nos acomete essa juntura reversível com o Ideal ao propormos a realização de alguma tarefa, juntura viabilizada por uma completude imbuída de pressa e de certeza? Tal, então, a terceira tese: a *antecipação, por agarramento ao Ideal, constitui uma virtualidade permanente, mas instável, em nossa policronia.*

II.c. Quarta tese

Por que tanto Freud quanto Lacan foram tentados pelas concepções – místicas, muitas vezes – referidas ao *eterno retorno*, a ponto de esgrimi-las inicialmente em seu ensino? E, de novo, qual circunstância da constituição da posição subjetiva está em jogo com tal magnitude como para provocar essa crença? A nosso entender, trata-se do fantasma da identidade – sim, também é o próprio da lógica – por cujo intermédio se erige uma lei: a tal antecedente corresponde tal conseqüente. Dessa maneira, supõe-se que o tempo é reversível, pois se acredita conhecer as incidências dos aconteceres tanto na vertente regressiva como na progressiva. Assim, não há expectativa, não há espera, não há incerteza, não há surpresa, não há gozo do encontro inesperado e inaudito. Claro, mas tampouco há invenção. Proponhamos, então, a quarta tese: *não há invenção sem a assunção castrante da flecha do tempo, a qual, antes de tudo, assinala e sanciona a irreversibilidade.*

II.d. Quinta tese

Um erro reiterado tende a confundir um item muito bem diferenciado por Lacan: aludimos à sua precisão formulada a respeito de retroação e de *Nachträglichkeit (après-coup*, efeito retardado, ou *a posteriori*, segundo as mais habituais traduções). Sem dúvida, a conhecida "re-significação" toma sua inspiração da retroação, a qual adota como paradigma o acontecido ao ir escrevendo uma frase: com efeito, cada vez que adiciono um termo, a significação vai mudando até lograr assim seu fechamento, através do ponto final. Então, esse ponto é o responsável de lançar, "para trás", a significação. E, em tal caso, se bem existe sucessividade, também existe *co-presença* dos elementos postos em jogo através de dita sucessividade. Pois bem, o referido é, precisamente, o que *não* sucede no circunscrito por Lacan – na obra de Freud – como *après-coup*, porquanto a mostração em questão aponta como algo latente, e em aparência ausente, que é percutido por uma circunstância atual. Não existe, por fim, co-presença evidente, nem tampouco existe re-acomodação semântica. Pelo contrário, esse *efeito de recobro* – tal a tradução proposta por nós – costuma desencadear-se ante a imprevisão do encontro com alguma ponta de(o) Real. Por pontas, de modo diverso, sem lei nem ordem, até com vacilação fantasmática: isso denota o efeito de recobro. Quinta tese, então: *no efeito de recobro, que "[...] mostra uma estrutura temporal de ordem mais elevada"*[2] *que a própria da retroação, o tempo para compreender advém logo da conclusão do encontro inesperado.*

II.e. Sexta tese

Depois de haver tornado sinônimos a simultaneidade e a sincronia, Lacan percebeu o erro em jogo, modificando sua postura de modo terminante[3 e 4]. Por que ocorreu tanto uma coisa quanto outra? Aventuremos uma possível intelecção: a "simultaneidade" freudiana – tal como é colocada na famosa carta a Fliess, de 6/12/1896 – permite a Lacan, em seu *Semi-*

---

[2] LACAN, J. "Posição do inconsciente". In: *Escritos*. Rio de Janeiro: Jorge Zahar Ed., 1998, p. 853.

nário 11, apoiar ali a estrutura significante enquanto sincrônica. Entretanto, o viés paralelo de sua indagatória, cifrado na categoria do Real do gozo pulsional, o conduz à frutífera postulação da diferença vigente entre o olho e o olhar (este como objeto próprio da pulsão escópica). E isso, por sua vez, o levou a rebatizar o antigo *instante do olhar* como *instante de ver*. Pois bem, já o *Seminário 12*[5] coloca o instante de ver como sincronia, entanto fato pontual, marcadamente evanescente. Por isso, *se a simultaneidade ilustra o operar da estrutura significante, o instante de ver requer um "golpe" escópico de(o) Real para cingir a sincronia*. Tal a sexta tese.

II.f. Sétima tese

Por último, cabe dizer que no *Seminário 9*, e com a nova ocasião de pontuar os trajetos do conhecido grafo do desejo, Lacan se detém a precisar que os mesmos indicam a ação denominada por ele de *cinética significante*, em atenção ao "movimento de sucessão", posto assim em obra. Alude, logo, a como *não* instrumentou doutrinalmente essa "dimensão temporal", asseverando imediatamente: "Porque em verdade creio que não há nada mais mistificador que falar do tempo a torto e a direito [*à tort et à travers*]", afirmando que entende "[...] necessário voltar para reconstituir não mais una cinética, mas sim una dinâmica temporal [...]"[6]. Por que esta diferenciação? A nosso juízo, porque a primeira estuda o movimento prescindindo das forças impelidoras, enquanto a dinâmica, com efeito, é um reencontro com o metapsicológico vocábulo freudiano – estuda as leis do movimento, mas apontando a desdobrar suas forças produtivas. Dito de outro modo – sétima tese: *enquanto a fenomenologia se situa na cinética temporal, a psicanálise toma posição na dinâmica temporal*. Mas o que implica isso? Não desacreditar, por exemplo, as dimensões temporais do periódico, do aperiódico,

---

3 LACAN, J. *Séminaire 11: "Les fondements de la psychanalyse"*. Classe de 5/2/64, versão J. Lacan. Inédito.

4 LACAN, J. *Séminaire 14: "La logique du fantasme"*. Classe de 1/3/67. Inédito.

5 LACAN, J. *Séminaire 12: "Problèmes cruciaux pour la psychanalyse"*. Classe de 13/1/65. Inédito.

6 LACAN, J. *Séminaire 9: "L'identification"*. Classe de 9/5/62. Inédito.

do efêmero, do temporário, do intervalar, do uniforme, quando não da freudiana *transitoriedade*, entre outras policronias. Sim, porque abordá-las não implica de modo necessário uma "queda no Imaginário", se estamos metodologicamente advertidos acerca de seu falaz convite à entronização da mera sucessividade cinética. O que implica isso, novamente? Implica ter sempre presente, tal como ensinou Freud, o que acontece com o luto, e com seu respectivo trabalho[7].

III. Conclusão

Estas breves pontuações, assim o estimamos, nos permitiram apreciar a vigência, para "nossa psicanálise", de uma fecunda policronia, tempo múltiplo consistente, tempo múltiplo inconsistente; zonas uniformes, zonas impredizíveis; ordem, desordem; ecos, pedaços, retalhos. Aqui e ali, perda e entropia; aqui e ali, re-acomodação e invenção. Não existe tão-só processo, não existe tão-só linha, não existe tão-só estrutura; existem múltiplas trajetórias das flechas do tempo, existem bifurcações, existe turbulência, existe tempo turbulento. Sim: são as policronias, são os contra-tempos da psicanálise.

[7] FREUD, S. "Vergänglichkeit", em *Studienausgabe,* S. Fischer, Frankfurt, 1980, t. X, pp. 223- 227.

Fontes

Por que não há relação sexual?

Texto estabelecido pelos organizadores a partir da conferência pronunciada na "1ª Jornada Psicanalítica em Florianópolis", promovida por Maiêutica Florianópolis – Instituição Psicanalítica, em 16 de novembro de 1984. Publicado em versão preliminar como caderno da Maiêutica Porto Alegre, em 1985.

Falo

Texto estabelecido pelos organizadores a partir do "Seminário sobre *A significação do falo*, de Lacan". Este seminário, promovido pela Maiêutica Florianópolis, desdobrou-se em três classes, nas datas de 27/07/2001, 14/09/2001 e 30/11/2001, a partir do Escrito de Lacan. Foi publicado em *Clinamen Revista Psicanalítica*, nº 2, de Maiêutica Florianópolis – Instituição Psicanalítica, 2003.

O intervalo (não) perdido na direção da cura

Texto re-elaborado pelos organizadores a partir de versão anterior que recebeu o título de "A direção da cura e o intervalo perdido", estabelecido a partir do seminário "A direção da cura", ditado na Mayéutica – Instituición Psicoanalítica, Buenos Aires, em 9 de abril de 1985 e publicado como caderno de Maiêutica Porto Alegre em 1986. A atual versão foi publicada no livro *Polifonias del Arte en Psicoanálisis,* por Ediciones Del Serbal, Barcelona, como o número 4 da Coleção Antígona, em 1998.

Que varia e que desvaria *uma* clínica lacaniana?

Trabalho apresentado no Segundo Congresso Internacional de Convergência, Movimento Lacaniano para a Psicanálise Freudiana, Rio de Janeiro, 27-29 de maio de 2004: *Variantes do tratamento padrão: qual é a direção da análise no movimento lacaniano?*

Um duplo lapso de Lacan

Artigo extraído do livro *De qué trata la clínica lacaniana?* Buenos Aires: Catálogos, 1994, e publicado com título homônimo em *Clinamen Revista de Psicanálise*, nº 1, publicação de Maiêutica Florianópolis – Instituição Psicanalítica, maio de 2001.

O inconsciente estrutura-se como uma linguagem?

Texto inédito, apresentado no Primeiro Congresso Internacional de *Convergencia, Movimento Lacaniano para a Psicanálise Freudiana*: "Les avancées lacaniennes de l'inconscient freudien", em 02, 03 e 04 de fevereiro de 2001, na sede da UNESCO, Paris, e publicado em *Agenda*, nº 100, Letra Viva, Buenos Aires, junho de 2006.

De paradoxos clínicos desde a psicanálise caótica

Título original: "De paradojas clínicas desde el psicoanálisis caótico". Apresentado na Reunión Lacanoamericana de Psicoanálisis de Rosário (Julho de 1999). Teve duas publicações prévias em *La pulsión es turbulenta como el lenguaje: ensayos de psicoanálisis caótico.* Barcelona: Ediciones del

Serbal, 2001 e *Clinamen Revista de Psicanálise*, nº 1, publicação de Maiêutica Florianópolis – Instituição Psicanalítica, maio de 2001.

De que esquecimento me falam?

Com título homônimo, foi publicado no livro *La pulsión es turbulenta como el lenguaje: ensayos de psicoanálisis caótico*. Ediciones Del Serbal, Barcelona, 2001. Primeira tradução para o português realizada por Ângela Serpa, Maria Lucia Lima de Queiroz Santos e Irma Chaves e publicada em *Céfiso*, nº 14, Revista do Centro de Estudos Freudianos de Recife, 1999.

Policronias: os contratempos da psicanálise

Trabalho apresentado na Reunião Lacanoamericana de Psicanálise de Recife – Recife, em 29/08/01, com o título "Los contratiempos del psicoanálisis". Encontrava-se inédito até o presente e integrará o livro *Palabra, violencia, segregación y otros impromptus psicoanalíticos*, Catálogos, Buenos Aires, no prelo.

Companhia de Freud editora

OBRAS PUBLICADAS

Psicanálise e Tempo
Erik Porge

Psicanálise e Análise do Discurso
Nina Leite

Letra a Letra
Jean Allouch

Mal-Estar na Procriação
Marie-Magdeleine Chatel

Marguerite ou "A Aimée" de Lacan
Jean Allouch

Revista Internacional nº 1
A Clínica Lacaniana

A Criança na Clínica Psicanalítica
Angela Vorcaro

A Feminilidade Velada
Philippe Julien

O Discurso Melancólico
Marie-Claude Lambotte

A Etificação da Psicanálise
Jean Allouch

Roubo de Idéias?
Erik Porge

Os Nomes do Pai em Jacques Lacan
Erik Porge

Revista Internacional nº 2
A Histeria

Anorexia Mental, Ascese, Mística
Éric Bidaud

Hitler – A Tirania e a Psicanálise
Jean-Gérard Bursztein

Littoral
A Criança e o Psicanalista

O Amor ao Avesso
Gérard Pommier

Paixões do Ser
Sandra Dias

A Ficção do Si Mesmo
Ana Maria Medeiros da Costa

As Construções do Universal
Monique David-Ménard

Littoral
Luto de Criança

Trata-se uma Criança – Tomos I e II
Congresso Internacional de Psicanálise e suas Conexões – Vários

O Adolescente e o Psicanalista
Jean-Jacques Rassial

— Alô, Lacan?
— É claro que não.
Jean Allouch

A Crise de Adolescência
Octave Mannoni e outros

O Adolescente na Psicanálise
Raymond Cahn

A Morte e o Imaginário na Adolescência
Silvia Tubert

Invocações
Alain Didier-Weill

Um Percurso em Psicanálise com Lacan
Taciana de Melo Mafra

A Fantasia da Eleição Divina
Sergio Becker

Lacan e o Espelho Sofiânico de Boehme
Dany-Robert Dufour

O Adolescente e a Modernidade – Tomos I, II e III
Congresso Internacional de Psicanálise e suas Conexões – Vários

A Hora do Chá na Casa dos Pendlebury
Alain Didier-Weill

W. R. Bion – Novas Leituras
Arnaldo Chuster

Crianças na Psicanálise
Angela Vorcaro

O Sorriso da Gioconda
Catherine Mathelin

As Psicoses
Philippe Julien

O Olhar e a Voz
Paul-Laurent Assoun

Um Jeito de Poeta
Luís Mauro Caetano da Rosa

Estética da Melancolia
Marie-Claude Lambotte

O Desejo do Psicanalista
Diana S. Rabinovich

Os Mistérios da Trindade
Dany-Robert Dufour

A Equação do Sonhos
Gisèle Chaboudez

Abandonarás teu Pai e tua Mãe
Philippe Julien

A Estrutura na Obra Lacaniana
Taciana de Melo Mafra

Elissa Rhaís
Paul Tabet

Ciúmes
Denise Lachaud

Trilhamentos do Feminino
Jerzuí Tomaz

Gostar de Mulheres
Autores diversos

Os Errantes da Carne
Jean-Pierre Winter

As Intervenções do Analista
Isidoro Vegh

Adolescência e Psicose
Edson Saggese

O Sujeito em Estado Limite
Jean-Jacques Rassial

O que Acontece no Ato Analítico?
Roberto Harari

A Clínica da Identificação
Clara Cruglak

A Escritura Psicótica
Marcelo Muniz Freire

Os Discursos e a Cura
Isidoro Vegh

Procuro o Homem da Minha Vida
Daniela Di Segni

A Criança Adotiva
Nazir Hamad

Littoral
O Pai

O Transexualismo
Henry Frignet

Psicose, Perversão, Neurose
Philippe Julien

Como se Chama James Joyce?
Roberto Harari

A Psicanálise: dos Princípios
Ético-estéticos à Clinica
W.R. Bion – Novas Leituras

O Significante, a Letra e o Objeto
Charles Melman

O Complexo de Jocasta
Marie-Christine Laznik

O Homem sem Gravidade
Charles Melman

O Desejo da Escrita em Ítalo Calvino
Rita de Cássia Maia e Silva Costa

O Dia em que Lacan me Adotou
Gérard Haddad

Mulheres de 50
Daniela Di Segni e Hilda V. Levy

A Transferência
Taciana de Melo Mafra

Clínica da Pulsão
Diana S. Rabinovich

Os Discursos na Psicanálise
Aurélio Souza

Littoral
O conhecimento paranóico

Revista Dizer - 14
A medicalização da dor

Neurose Obsessiva
Charles Melman

A Erótica do Luto
Jean Allouch

Um Mundo sem Limite
Jean-Pierre Lebrun

Comer o Livro
Gérard Haddad

Do pai à letra
Hector Yankelevich

A experiência da análise
Norberto Ferreyra

A fadiga crônica
Pura H. Cancina

O desejo contrariado
Robert Lévy

Psicanálise de Crianças Separadas
Jenny Aubry

Lógica das Paixões
Roland Gori

Um Narrador Incerto, Entre o Estranho e o Familiar
Lucia Serrano Pereira

Gide-Genet-Mishima
Catherine Millor

Dependência Química na adolescência
Hélio Fernandes Mattos

O Sexo Conduz o Mundo
Colette Chiland

Um Homem de Palavra
Nazir Harnad

A Arte de Reduzir as Cabeças
Dany-Robert Dufour

Poetas, crianças e criminalidade... sobre Jean Genet
Alba Flesler / Claudio Martyniuk / Fernando Sabsay / Isidoro Vegh

A Paixão do Sujeito Freudiano
Bernard Penot

Clínica Lacaniana: As Homossexualidades, Revista Internacional n. 2

A Escola do Sujeito
Claude Dumézil

A Significação do Falo
Diana Rabinovich

A Angústia e o Desejo do Ouro
Diana Rabinovich

O Próximo
Isidoro Vegh

Sombra do Teu Cão
Jean Allouch

Crueldade no Feminino
Sophie de Mijolla-Mellor e Julia Kristeva

A Descoberta de João
Marcelo Pio da Costa

Separações Necessárias
Emilio Rodrigué

Os nomes Indistintos
Jean-Claude Milner

Lacaniana I
Moussapha Safouan

Psicanálise e Saúde Mental
Sonia alberti e Ana Cristina Figueiredo (org.)

O Caminhante Analítico
Victor Smirnof

Figuras do Real
Ginette Michaud

Do Amor do Outro ao Amor de Si
Patrick Delaroche

A Topografia de Lacan
Jean-Paul Gilson

O Conhecimento Paranóico
Revista Litoral

Letra e Pulsão de Morte
André Green

Enigma do Incesto
Laure Rozen

O Inferno do Dever
Denise Lachaud

A Quarta Mulher
Paul Tabet

Lacaniana: Os Seminários de Jacques Lacan - 2 1964-1979
Moustapha Safouan

Dez Conferências de Psicanálise
Moustapha Safouan

Estados de Abandono
Jacques André

Transferência e Estados Limites
Jacques André

Da Paixão
Jacques André

A Anatomia da Terceira Pessoa
Guy Le Gaufey

A Criança no Espelho
(Freud Wallon Lacan)
Émile Jalley

A Sombra do Teu Cão:
discurso analítico e discurso lésbico
Jean Allouch

A Violência na Adolescência
Pierre Kamerer

Para uma Clínica do Real
Isidoro Vegh

O Fracasso do Fantasma
Silvia Amigo

As Figuras do Real
Patrick Delaroche

A ambivalência Materna
Michele Benhaim

Oriente Médio: Povos Autoritários
Sociedades Bloqueadas
Philippe Draz Vincent

Dicionário da Sexualidade Humana
Philippe Brenot

Dicionário da Justiça
Löic Cadiet

O Jornalista e seu Poder
Gerard Spitéri

O desejo contrariado
Robert Lévy

Michel Foucault: a Inquietude da História
Mathieu Potte-Bonneville

O Sexo do Mestre
Jean Allouch

Psicoterapia-Psicanálise-Didática 1 - debates
Analyse Freudienne Presse

Psicoterapia-Psicanálise-Didática 2 - debates
Analyse Freudienne Presse

A Pulsão de Morte
Michel Plon (org.)

A Crueldade no Feminino
Sophie de Mijolla-Mellor

O Autor do Crime Perverso
Marie-Laure Susini

A Saúde Totalitária
Roland Gori

A Morte de Deus
Dany-Robert Dufour

Impresso por:

Edil
Artes Gráficas

Tel/Fax: (21) 2159 7979
E-mail: edil@edil.com.br